LE

RÈGNE DES CHAMPIGNONS

1926

CALMANN LÉVY, ÉDITEUR

ŒUVRES COMPLÈTES

D'ALPHONSE KARR
Format grand in-18

A BAS LES MASQUES !........ 1 vol.	MENUS PROPOS.............. 1 vol.
A L'ENCRE VERTE........... 1 —	MIDI A QUATORZE HEURES. 1 —
AGATHE ET CÉCILE.......... 1 —	NOTES DE VOYAGE D'UN
L'ART D'ÊTRE MALHEUREUX 1 —	CASANIER................ 1 —
AU SOLEIL.................. 1 —	ON DEMANDE UN TYRAN.. 1 —
BOURDONNEMENTS......... 1 —	LA PÊCHE EN EAU DOUCE
LES CAILLOUX BLANCS DU	ET EN EAU SALÉE........ 1 —
PETIT POUCET........... 1 —	PENDANT LA PLUIE......... 1 —
LE CHEMIN LE PLUS COURT 1 —	LA PÉNÉLOPE NORMANDE.. 1 —
CLOTILDE.................. 1 —	PLUS ÇA CHANGE..... PLUS
CLOVIS GOSSELIN.......... 1 —	C'EST LA MÊME CHOSE... 1 —
CONTES ET NOUVELLES... 1 —	LES POINTS SUR LES I..... 1 —
LE CREDO DU JARDINIER. 1 —	POUR NE PAS ÊTRE TREIZE 1 —
DANS LA LUNE.............. 1 —	PROMENADES AU BORD DE
LES DENTS DU DRAGON.... 1 —	LA MER................. 1 —
DE LOIN ET PRÈS........... 1 —	PROMENADES HORS DE MON
DIEU ET DIABLE........... 1 —	JARDIN................. 1 —
ENCORE LES FEMMES...... 1 —	LA PROMENADE DES AN-
EN FUMANT................. 1 —	GLAIS.................. 1 —
L'ESPRIT D'ALPHONSE KARR 1 —	LA QUEUE D'OR............. 1 —
FA DIÈSE................... 1 —	RAOUL.................... 1 —
LA FAMILLE ALAIN......... 1 —	ROSES NOIRES ET ROSES
LES FEMMES................. 1 —	BLEUES................. 1 —
FEU BRESSIER.............. 1 —	LES SOIRÉES DE SAINTE-
LES FLEURS................ 1 —	ADRESSE................ 1 —
LES GAIETÉS ROMAINES.... 1 —	LA SOUPE AU CAILLOU..... 1 —
GENEVIÈVE................. 1 —	SOUS LES POMMIERS........ 1 —
GRAINS DE BON SENS...... 1 —	SOUS LES ORANGERS........ 1 —
LES GUÊPES................. 6 —	SOUS LES TILLEULS......... 1 —
HISTOIRE DE ROSE ET DE	SUR LA PLAGE.............. 1 —
JEAN DUCHEMIN.......... 1 —	TROIS CENTS PAGES......... 1 —
HORTENSE.................. 1 —	UNE HEURE TROP TARD.... 1 —
LETTRES ÉCRITES DE MON	UNE POIGNÉE DE VÉRITÉS. 1 —
JARDIN................. 1 —	VOYAGE AUTOUR DE MON
LE LIVRE DE BORD......... 1 —	JARDIN................. 1 —
LA MAISON CLOSE.......... 1 —	

Imp. DESTEFAY, St-Aman.

LE RÈGNE
DES
CHAMPIGNONS

PAR

ALPHONSE KARR

> A l'âge d'or a succédé l'âge d'argent ;
> à l'âge d'argent, l'âge d'airain ;
> à l'âge d'airain, l'âge de fer ; aujourd'hui, nous sommes à l'âge des
> champignons, c'est-à-dire des moisissures, décomposition, détritus,
> pourritures, etc.
>
> *Mycologie morale et politique.*

PARIS
CALMANN LÉVY, ÉDITEUR
ANCIENNE MAISON MICHEL LÉVY FRÈRES
3, RUE AUBER, 3

—

1885

Droits de reproduction et de traduction réservés

LE
RÈGNE DES CHAMPIGNONS

QUELQUES PAGES
DE
L'HISTOIRE DES CHAMPIGNONS
ENRICHIES DE NOTES MYCOLOGIQUES

Un café. — Une grosse femme parée au comptoir. — Un garçon qui lit le journal. — *Épiphyte* [1] et *Lycoperdon* [2], jouent aux dominos. — Dans un coin, à une autre table, *Roussoun* [3], *Oreille de Judas* [4] et *Giftmorchel* [5], soi-disant « travailleurs » et consommateurs sombres, boivent à petits coups leur cinquième verre d'absinthe.

LYCOPERDON

Blanc partout.

1. *Épiphyte*. Champignons qui vivent sur d'autres végétaux, principalement sur le bois pourri et divers détritus.

2. *Lycoperdon*, en français « vesse de loup », champignon rougeâtre, que quelques personnes mangent quand il est très jeune, mais qui, une fois adulte, éclate au contact en une poussière noire et fétide, — il est vénéneux.

3. *Roussoun*, nom provençal de *l'agaricus ruber*, champignon rouge, vénéneux.

4. *Oreille de Judas*, champignon de couleur vineuse, vénéneux.

5. *Giftmorchel*, nom allemand d'un champignon vénéneux et inconvenant.

ÉPIPHYTE

Je n'en ai pas, mais j'en aurais que je n'en mettrais pas ; les dominos m'ennuient.

LYCOPERDON

Eh bien... un bésigue ?

ÉPIPHYTE

Le bésigue m'ennuie, la vie m'ennuie.

LYCOPERDON

Ce qui t'ennuie, c'est ce qui m'ennuie aussi. C'est la pauvreté et l'horrible nécessité de travailler qui point à l'horizon ; je n'ai pas non plus sujet de me réjouir. Garçon ! deux « mêlés cassis »!

(Le garçon regarde la grosse dame qui lui fait un signe négatif. Il continue sa lecture.)

Mon père m'a envoyé cent francs et m'annonce que c'est fini, que depuis huit ans que je suis étudiant en médecine, la famille a « vécu de privations » pour m'entretenir inutilement à Paris, qu'il sait que je n'ai pas pris une seule des inscriptions qu'il a payées ; que ces cent francs, le dernier argent que je recevrai de lui, sont pour payer ma place au chemin de fer, qu'il m'attend *sous huit jours* pour remplacer un commis auquel il donne congé, et figurer derrière le comptoir de ferblanterie, à moins que je n'aime mieux retourner chez mon oncle à la ferme, où j'ai passé mes premières années, soigner les chevaux et les vaches.

ÉPIPHYTE

L'alternative est jolie et embarrassante.

LYCOPERDON

Elle ne m'a pas embarrassé, je n'accepte ni l'un ni l'autre, et je reste à Paris ; de cent francs, j'ai déjà dépensé quarante francs, il est bientôt temps de s'occuper de l'avenir !

ÉPIPHYTE

Moi, une fois avocat, je me suis cru sauvé, surtout après un début si brillant au barreau. J'avais obtenu de défendre à la sixième chambre un pauvre diable de journaliste de paille, le gérant d'un journal des plus avancés ; il ne m'appartient pas de me louer moi-même, mais la vérité exige que j'avoue que j'ai été bien beau ; j'ai déclaré la loi absurde et draconienne, j'ai insulté le président, j'ai traîné le ministère public dans la boue, enfin le grand jeu. Deux fois le président a dû réprimer les applaudissements de l'auditoire. Garçon ! et ce mêlé-cass ?

(Le garçon ne bouge pas.)

LYCOPERDON

Et ton client ?

ÉPIPHYTE

Condamné au maximum, il est encore en prison ; ça, c'est un détail, c'est accessoire ; mais ce succès, qui m'a servi comme homme politique, ne m'a pas servi comme avocat. Le public ne voit pas les choses « d'en haut », ne les aperçoit que par « les petits côtés ». Mon second client est encore à se présenter.

LYCOPERDON

Et... à quoi ça t'a-t-il servi comme homme politique ?

ÉPIPHYTE

Les journaux du parti m'ont appelé le « jeune, brillant et intrépide orateur ». Je tutoie Blanqui, et, pas plus tard qu'avant-hier, Gambetta m'a donné un coup de poing dans le dos, en me disant : Sacré farceur, va ! »

LYCOPERDON

En attendant, sais-tu ce que fait la grosse dame qui remplit le comptoir ? elle écrit sur de longues bandes de papier, et jette alternativement des yeux rapaces sur nous et sur un gros et sale livre : elle fait notre note, nous ne la payerons pas, et tout crédit va nous être fermé.

ÉPIPHYTE

Il l'est déjà ; deux fois nous avons demandé au

garçon un « mêlé-cassis » et du feu, il n'a entendu que pour le feu ; prête-moi ton crayon.

LYCOPERDON

Pour quoi faire ?

ÉPIPHYTE

Je te le dirai tout à l'heure.

(Pendant ce temps, le garçon s'est approché des trois consommateurs sombres, a enlevé la carafe à l'absinthe et montre, par son attitude penchée en point d'interrogation, qu'il attend « la monnaie ».)

ÉPIPHYTE

Voici ton crayon ; regarde ce que j'ai pris en note : « Immortels principes de 89 : travailleurs, cléricaux, nouvelles couches sociales, sueur du peuple, exploitation de l'homme par l'homme, infâme capital. » Oh ! j'avais oublié « salariat, » un nouveau mot qui fait beaucoup d'effet dans les « réunions privées. » Avec ces sept mots, nous sommes sauvés. Sais-tu en combien de manières différentes ces sept mots peuvent se ranger ? Tu ne le sais pas, je vais te le dire : en cinq mille quarante manières [1],

---

[1]. Ozanam constate, dans ses « Récréations mathématiques » que, dans ce vers composé à l'honneur de la mère de Jésus-Christ :

Tot tibi sunt dotes, Virgo, quot sidera cœlo.

les huit mots peuvent recevoir quarante mille trois cent vingt permutations dont trois mille deux cent soixante seize conserveraient la mesure d'un vers.

ça fait cinq mille quarante discours tous également propres à enthousiasmer, à enivrer le peuple le plus spirituel de ce monde, et à l'envoyer se faire tuer pour que nous soyons riches et glorieux.

ROUSSOUN A GIFTMORCHEL

Allons, paye et allons-nous en.

GIFTMORCHEL

Comment ? payer ! c'est toi qui m'as invité.

ROUSSOUN

Je t'ai invité à me payer un petit verre de n'importe quoi. (Remuant ses poches.) Les toiles se touchent.

GIFTMORCHEL

Je n'ai pas le sou. Nastasie me trompe, ou ne travaille pas ; elle ne m'a rien donné depuis deux jours ; et toi, *Oreille de Judas ?*

OREILLE DE JUDAS

Moi, j'ai oublié mon porte-monnaie ; garçon, marquez ça à mon compte.

(Le garçon va au comptoir, échanger quelques mots avec la grosse dame, et revient.)

Madame a dit comme ça que, si vous ne payez pas, on va faire chercher la garde.

OREILLE DE JUDAS

Puisque j'ai oublié mon porte-monnaie !

ROUSSOUN

C'est une sottise, une petitesse qu'on nous fait. Je vas en écrire au journal de Félix. D'ailleurs, je suis moi-même journaliste, je vais être gérant d'un journal qui va bientôt paraître. Ah ! c'est comme ça qu'on traite la presse ici !

ÉPIPHYTE

Qu'est-ce qu'on fait à la presse ? — Voilà !

ROUSSOUN

Citoyen avocat, on nous fait une avanie pour un méchant verre de fausse absinthe que je payerai demain, ayant aujourd'hui oublié mon porte-monnaie chez la petite duchesse.

ÉPIPHYTE

Mais, Madame, il me semble... si le citoyen a oublié son porte-monnaie... D'ailleurs, au besoin, je réponds pour lui.

LA GROSSE DAME

Et lui... répondra pour vous, n'est-ce pas ? Tenez, voici vos notes à vous et à votre ami... l'étudiant, et je vous avertis qu'on ne fait plus de note.

« Crédit est mort, les mauvais payeurs l'ont tué. »

ÉPIPHYTE

J'en appelle au peuple.

LYCOPERDON

Et à l'opinion publique

ROUSSOUN, OREILLE DE JUDAS ET GIFTMORCHEL

Et à la grande voix de la France ! au suffrage universel ! à la presse !

ÉPIPHYTE

Combien doivent les citoyens ?

LE GARÇON

3 francs 25.

ÉPIPHYTE

On exploite le peuple ! voilà vingt sous, payez-vous, et vous trois, Roussoun, Oreille de Judas et Giftmorchel, levez-vous et suivez-moi, je me charge de votre fortune. Toi, Roussoun, quelle est ta spécialité ?

ROUSSOUN

Je n'ai pas le sou.

ÉPIPHYTE

Alors... tu sais le prix de l'argent ; tu seras ministre des finances ; et toi, Giftmorchel, que sais-tu faire ?

GIFTMORCHEL

Je vends, le soir, des cartes transparentes.

ÉPIPHYTE

Tu auras l'intérieur et les beaux-arts.

LYCOPERDON

Et moi ?

ÉPIPHYTE

Tu es mon ami.

LYCOPERDON

Quels appointements ?

OREILLE DE JUDAS

Et moi, j'aimerais être ministre de la guerre.

ÉPIPHYTE

Non, je me le suis réservé, tu seras préfet. Maintenant...

Au Forum ! au Pnyx ! à Belleville !

LA DAME DU COMPTOIR

Mais...

TOUS

A Belleville !

Exeunt.

Une taverne. — Salon de 1,500 couverts.

Épiphyte debout sur une table. — Autour de lui. Lycoperdon, Roussoun, Oreille de Judas et Giftmorchel. — La salle est remplie et comble d'auditeurs enthousiastes. — Quelques tricoteuses et libres soupeuses.

ÉPIPHYTE

Citoyens,

Infâme capital, sueur du peuple, immortels principes de 1789, nouvelles couches sociales, salariat, exploitation de l'homme par l'homme, travailleurs.

(Applaudissements et trépignements.)

Vive Épyphyte !

ÉPIPHYTE

Je continue : travailleurs, salariat, exploitation de l'homme par l'homme, sueur du peuple, immortels principes, infâme capital.

(L'enthousiasme est indescriptible. — On crie : A l'Hôtel-de-Ville !)

ÉPIPHYTE

Attendez ; je n'ai pas tout dit.

LA FOULE

Silence, écoutez.

ÉPIPHYTE

Immortels principes de 1789, salariat, infâme capital, sueur du peuple, travailleurs, exploitation de l'homme par l'homme.

AGARIC DU CHÊNE [1]

Encore mieux ! le grand orateur ! quelle éloquence ! c'est sublime ! un triomphe !

(A. du chêne [2], Muscarius [3], Exidion [4], Amanite [5], saisissent Épiphyte, le mettent sur leurs épaules, font trois fois le tour de la salle : tout le monde chante ; les uns la *Marseillaise*, les autres *Ça ira*, quelques-uns *l'Amant d'Amanda* aux cris de : A la tribune ! On rapporte Épiphyte sur la table.

Mousseron (enfant de bon naturel, mais entraîné par la « société », a déjà beaucoup perdu, et ne tardera pas à perdre tout.)

Vive Épiphyte ! vive le roi Épiphyte !

ÉPIPHYTE

Qui es-tu ? d'où viens-tu ?

MOUSSERON

Je suis Mousseron, je sors d'une maison de correction.

ÉPIPHYTE

Tu connais la justice et son injustice, et l'infâme

---

1. L'agaric du chêne, sorte de champignon sec dont on fait l'amadou et qui prend feu à la moindre étincelle.
2. L'Agaric Amadou, déjà nommé.
3. Muscarius, champignon vireux qui attire les mouches.
4. Exidion, champignon couleur de vin, très vénéneux.
5. Amanite, l'amanite fausse-oronge, champignon écarlate, des plus mortels, c'est celui qui empoisonna l'empereur Claude.

magistrature, et la criminelle gendarmerie ; tu seras garde des sceaux et ministre de la justice ; monte sur la table auprès de moi.

(Lycoperdon, Oreille de Judas, font la grimace.)

LYCOPERDON, bas à Épiphyte.

J'avais demandé ce portefeuille.

ÉPIPHYTE

Tu en auras deux autres.

LYCOPERDON

J'aime mieux celui-là.

ÉPIPHYTE

Zut!

LYCOPERDON

Tu verras.

ÉPIPHYTE

Citoyens travailleurs! le jour de gloire et de félicité universelle est arrivé. Je vous annonce la vraie République, « la sainte » ; on reprendra aux riches l'argent et les propriétés du peuple qu'ils détiennent. Il y aura égalité de salaires pour que les ouvriers hypocrites et réactionnaires qui n'entrent pas au cabaret, ne tuent pas le ver le matin, et ne font pas le lundi, n'humilient pas les vrais travailleurs par le produit mercenaire et humiliant de leurs semaines.

En attendant, ce qui ne tardera pas beaucoup, qu'on fasse travailler les riches, pendant que nous nous reposerons.

Tous les dimanches et les lundis, les fontaines publiques feront couler du vin le matin, et de l'absinthe le soir, à l'exception de quelques-unes qui donneront du « mêlé-cassis » pour les dames.

PISTOUN[1] ET LA PETITE CANTHARELLE[2]

Vive Épiphyte !

ÉPIPHYTE

Mes enfants, que faites-vous ?

PISTOUN

Je ramasse des bouts de cigares.

CANTHARELLE

Je commence à vendre des violettes aux vieux messieurs.

ÉPIPHYTE

Savez-vous lire ?

CANTHARELLE ET PISTOUN

Non.

1. Pistoun, champignon vénéneux.
2. Cantharelle, champignon qu'on peut manger sans danger, mais seulement tant qu'il est jeune.

ÉPIPHYTE

Alors vous n'êtes jamais entrés chez « les frères », dans ces infâmes écoles cléricales, dans ces repaires?

CANTHARELLE ET PISTOUN

Jamais.

ÉPIPHYTE

C'est bien, c'est l'important, le reste viendra plus tard. Toi, Cantharelle, tu seras institutrice laïque; toi, Pistoun, tu seras ministre de l'instruction publique.

Monte sur l'estrade.

ÉPIPHYTE

Je vais vous dire mieux que tout cela. Mais, comme mon traitement de dictateur n'est pas encore fixé, M. le ministre des finances, Roussoun, va faire une quête pour subvenir aux besoins urgents de la République, de la société.

(Roussoun parcourt la salle avec sa casquette à la main, et la rapporte pleine de gros sous.)

ÉPIPHYTE

La Seine se partagera en deux courants parallèles, l'un allant à la mer, l'autre venant de Rouen, ce qui épargnera beaucoup de peine aux bateliers et mariniers, dont les riches et les bourgeois boivent la sueur, comme celle de tous les prolétaires.

— Bravo!

ÉPIPHYTE

Mais parlons d'affaires plus sérieuses. La ville de Paris, comme la société actuelle, en ce qui concerne les intérêts et les demeures des prolétaires, est une cassine, une masure, un bouge, un taudis, tandis que les satisfaits, les bourgeois, les repus, etc.., habitent des palais. Nous allons tout démolir, châteaux et masures, palais et bouges, et je vous rebâtirai toute la ville sur un plan nouveau, où vous aurez tous, vous les prolétaires, vous les travailleurs, des palais et des châteaux : les plus pauvres se contenteront de maisons à sept étages, en attendant de nouveaux progrès.

Prenez donc tous vos outils et commençons la démolition.

Les auditeurs, enivrés, prennent des pioches, des pics, des marteaux, etc.

Quelques-uns de la poudre et du picrate ; d'autres du pétrole.

On démolit, on fait sauter, on brûle.

. . . .

(Puis on s'arrête et un des travailleurs dit à Épiphyte :)

« Il y a un temps pour déchirer, mais aussi un temps pour recoudre » [1].

Il pleut, il fait froid, nous n'avons plus d'abri.

1. Tempus scindandi, et tempus consuendi. (*Ecclesiasti.*)

LYCOPERDON

A bas le clérical !

OREILLE DE JUDAS

A bas le jésuite !

ÉPIPHYTE

Taisez-vous ! Le citoyen a raison. Nous nous mettrons à reconstruire, mais quand la démolition sera finie, et elle ne l'est pas. Voici là-bas une statue de M. Thiers, allez la casser, comme vous avez re-démoli sa maison ; ça sera des matériaux pour la reconstruction.

(On va casser la statue de M. Thiers, puis on revient.)

« Il y a un temps pour arracher les arbres, et un temps pour les replanter.

» Un temps pour éparpiller et un temps pour réunir.

» Un temps pour démolir et un temps pour réédifier [1]. »

GIFTMORCHEL

Réac ! va !

ÉPIPHYTE

Taisez-vous, le citoyen a raison ; il est temps de

---

1. Tempus evellendi, et tempus plantandi.
 Tempus spargendi, et tempus colligendi.
 Tempus destruendi, et tempus ædificandi.

reconstruire ; seulement il faut mettre à droite les matériaux qui sont à gauche et à gauche ceux qui sont à droite.

. . . .

(Ce qui était à droite est maintenant à gauche ; ce qui était à gauche est à droite.)

ÉPIPHYTE

C'est fini ; la reconstruction va commencer, mais d'abord la patrie a des besoins, les bottes de la patrie sont éculées, et son chapeau est fauve et chauve.

M. le ministre des finances va percevoir un impôt volontaire ; ce n'est plus Roussoun, le drôle a décampé avec les derniers cinquante francs du dernier budget. Comme je ne recule devant aucun sacrifice, aucun travail, aucun dévouement pour la République, j'ai assumé par-dessus le ministère des affaires étrangères et de la guerre, dont je portais déjà le faix, le ministère des finances. (A Mousseron) M. le garde des sceaux, prête-moi ta casquette.

(Épiphyte fait la quête, met le produit et la casquette dans sa poche, et remonte sur la table.)

On reconstruira la ville, que dis-je, la ville ? la société sur de nouvelles bases.

ÉPIPHYTE

Allons là-bas : une dernière truellée au tas gâchée serré.

— Dans quoi ?

ÉPIPHYTE

Dans une auge.
— Je n'ai pas d'auge.

ÉPIPHYTE

Dans ton chapeau.
— Quoi mettre dans mon chapeau ?
— Du mortier; du plâtre, remué et gâché à la truelle.
— Y a pas de truelle, y a pas de mortier, y a pas de plâtre.

ÉPIPHYTE

Qui est-ce qui a une truelle ?

A. VERRUCOSSUS [1]

J'ai un marteau.

SCHIRODERME

Moi, j'ai une pioche.

SPOROCYBE

Moi, un pic.

ÉPIPHYTE

Qui est-ce qui a du plâtre ?

1. Cette moisissure et les suivantes sont des champignons plus ou moins vénéneux.

ATRACTOBOLE

J'ai du pétrole.

ÉPIPHYTE

Et du ciment ?

SUSPICONTE

J'ai de la poudre.

CYCLOMICE

Et moi du picrate.

MÉLANOSPORE

Et moi de la dynamite.

ÉPIPHYTE

Il n'y a pas moyen de bâtir avec ça. Est-ce qu'il n'y a plus rien à démolir ?

LYCOPERDON

Si, il y a toi. Traître, repu, satisfait, opportuniste, réac, dictateur, bonapartiste, clérical, médiocre, incapable... égoïste ! A bas Épiphyte !

TOUS

A bas Épiphyte !

GIFTMORCHEL

Épiphyte à la lanterne !

(*Exit* Épiphyte avec la quête dans sa poche).

LYCOPERDON

Le tyran est en fuite. Citoyens, travailleurs, prolétaires ! je vous ai délivrés de ce nouveau despote qui buvait votre sueur comme nos anciens tyrans. Vive la liberté !

TOUS

Vive la liberté ! *La Marseillaise!*

LYCOPERDON

C'est moi qui vous donnerai la vraie République, la démocratique, la sociale, la Marianne, la « sainte ». Salariat, sueur du peuple, infâme capital, travailleurs, immortels principes.

A. DU CHÊNE (l'Amadou)

A la bonne heure. Celui-ci c'est le bon. En voilà un qui est vraiment éloquent, et vraiment ami du peuple. Vive Lycoperdon !

TOUS

Vive Lycoperdon !

LYCOPERDON

Mais ce vil coquin d'Épiphyte a emporté la grenouille, le budget !

MOUSSERON

Et aussi ma casquette.

LYCOPERDON

La République compte sur l'amour et le dévouement de ses enfants pour l'assister dans ses nécessités. Je vais faire la quête dans ce bonnet rouge, que nous donnerons ensuite à Mousseron, pour l'indemniser de sa casquette.

TOUS

Vive Lycoperdon !

(Etc.,

Et toujours comme ça : après Lycoperdon, Oreille de Judas ; après Oreille de Judas, Giftmorchel, le reste des moisissures, pourritures, détritus, mucédinées et cryptogames malsains.

Toujours le discours : « sueur du peuple — infâme capital — salariat, etc. », enthousiasmant de plus en plus les auditoires ; toujours la quête, laquelle toujours emportée, etc., etc., etc.)

P. S. — Hors du pouvoir, ils brûlent les Tuileries exprès.

Au pouvoir, ils brûlent les Tuileries sans le faire exprès.

MONSIEUR LE PRÉFET

DE SEINE-ET-MEUSE

Un de mes voisins arrive de Paris, il ne m'a pas dit s'il y avait été appelé pour des plaisirs ou pour des affaires ; tout ce que je sais, c'est qu'il paraît enchanté d'être rentré dans sa petite maison et dans son petit jardin.

— Je n'ai pas vu fleurir mes glaïeuls cette année, me dit-il, et, quand j'ai pensé qu'en prolongeant mon séjour dans « la capitale », je manquerais la floraison de mes amaryllis belladones aux fleurs roses si parfumées, je me suis enfui, d'autant plus vite que Paris, en cette saison, est loin de sentir bon.

Il me trouva dans mon jardin assis sous les grands lauriers-roses, qui forment un bois autour de la mare alimentée par une source ; il me demanda si j'étais occupé et s'il ne me dérangeait pas ; je lui répondis que j'avais travaillé le matin, que j'avais déjà été lever mes *palanques* à la mer, et que je ne comptais, tout le reste du jour, m'occuper que de mon jardin.

— S'il en est ainsi, dit mon voisin, j'espère ne pas vous ennuyer en vous racontant un dîner que j'ai fait à Paris quelques jours avant mon départ. Ne vous ai-je jamais parlé de mon camarade Cabassol?

— Je ne m'en souviens pas.

— N'importe, c'est lui que je rencontrai un matin au café d'Orsay où j'étais entré déjeuner. D'abord, je ne le reconnus pas. Le Cabassol que j'avais connu autrefois était étudiant de vingtième année. Depuis plus de vingt ans, il prenait des inscriptions à l'École de droit, n'y écoutait rien, n'y apprenait rien, n'avait aucune prétention d'être ultérieurement reçu n'importe quoi qui le menât à l'exercice d'une profession ; la profession était trouvée, il était étudiant et comptait rester toujours étudiant. Pour ce qui est des cours, on n'était sûr de l'y rencontrer que quand il devait y avoir du tapage, aux séances où il s'agissait pour les élèves de « donner une leçon » à la fois au professeur et au gouvernement, en chantant *la Marseillaise* et en imitant des cris d'animaux, et, ces jours-là, il allait indifféremment aussi bien à l'École de médecine qu'à l'École de droit : c'était le plus souvent Cabassol qui écrivait aux journaux pour se plaindre de n'importe quoi, et signait : « Les étudiants, ou « les écoles. » Ses parents, en se privant de tout, lui avaient fait longtemps une petite pension dont il mangeait la moitié le jour qu'il la recevait ; avant de mourir, ils l'avaient prudemment pourvu d'un conseil judiciaire, qui lui donnait tous les trois mois le quart d'un revenu de 2,400 francs dont il avait hérité à leur mort. — Il n'avait pas renoncé à ses habitudes et à ses théories financières : le premier jour du trimestre il recevait six cents francs, payait à peu près deux cents francs qu'il devait à « son café », dépensait trois cents francs dans la première semaine, et vivait comme il pouvait pendant les onze autres semaines avec les cent francs qui lui restaient, et en usant d'un nouveau crédit à « son café » ; il ne rentrait que pour se coucher, et encore pas toujours, dans une petite chambre de quinze francs par mois, tout en haut d'une maison. Le reste de son temps il le passait au café, ne faisant que de temps en temps un tour de promenade au Luxemborg ; il était devenu d'une assez jolie force au billard et aux dominos pour y gagner autant de « consommations » qu'il en perdait ; il avait sa pipe à un râtelier dans l'arrière-boutique du café, et, après avoir lu le matin un journal d'opposition avancée, intransigeante et irréconciliable, il y prenait la provision d'idées et d'opinions de la journée et avait acquis une certaine facilité à réciter, à paraphraser les articles de « son journal. » Il avait été mis au violon, puis condamné à huit jours de prison, à la suite d'un tumulte à l'École de médecine, ce qui lui donnait, du moins à ses yeux et à ceux de quelques jobards habitués de « son café, » le droit de dire qu'il avait souffert pour la République. Comme costume, il avait reculé les limites connues jusqu'à lui du débraillement ; c'est donc tout naturellement que j'eus peine à le reconnaître dans un monsieur correctement, cossument, quoique vulgairement vêtu, qui, au café d'Orsay, m'appelait par mon nom en me tutoyant. Il fut obligé de se nommer, s'assit un moment à ma table, se versa un verre de chartreuse, et me dit : « Je suis enchanté de te rencontrer, il faut absolument que nous dînions ensemble aujourd'hui. Ce matin, je suis attendu au ministère pour prendre mes dernières instructions, et je pars demain matin pour ma résidence. — Quelle résidence ? — Ma préfecture, je suis préfet de Seine-et-Meuse. — Pas possible ? — Pas possible, mais vrai, « c'est arrivé» ; je vais préparer les élections pour le conseil général. A ce soir, sept heures, devant Brébant. » Il se leva, me fit de la main un salut un peu protecteur, traversa le café d'un air digne, presque majestueux, et monta dans un coupé de louage qui l'attendait.

***

— Un peu avant sept heures, j'étais devant Bréhant; il ne se fit attendre qu'un quart d'heure et s'excusa en me disant : « J'avais vu Constans ce matin, mais j'ai voulu voir Gambetta, parce que, entre nous, c'est lui... enfin, suffit ; il les tient comme une femme tient un fil qu'elle roule autour de son doigt. D'ailleurs, c'est lui qui m'a fait nommer, et qui, je l'espère, me débarrassera de ma préfecture qui m'ennuie.

» Le dîner fut excellent : gibier, primeurs, bons vins. Nous causâmes d'abord de nos camarades d'école. — Qu'est devenu Alfred ? — Rien, il cultive une petite terre qu'il a en Normandie. — Et Auguste ? — Auguste, il a fait fortune, il est fondateur et gérant d'une banque et caisse de crédit qui prospère. — Et Édouard ? — Il est député. — Et Silvestre ? — Ah ! lui, il n'a pas été heureux ; il était notaire, mais il a joué à la Bourse l'argent de ses clients, il a fait quelques faux, et il est aux travaux forcés pour dix ans.

» — Mais parlons de toi : tu as donc bien travaillé depuis que nous nous étions perdus de vue?

» — Pourquoi me demandes-tu ça?

» — Dame ! pour devenir préfet... mais, pourquoi ne t'es-tu pas fait nommer dans ton département, où tes parents ont vécu et sont morts, dans une région que tu connais ?

» — Ah ! c'est que cette région que je connaissais un peu, me connaissait aussi et beaucoup, et ça avait des inconvénients ; d'ailleurs, on m'a donné et j'ai accepté la première préfecture vacante par une épuration, la préfecture de Seine-et-Meuse ; c'est une seconde place, j'avais d'abord été sous-préfet dans Marne-et-Garonne.

» — Alors ça a nécessité de nouvelles études ; car enfin, pour être préfet ou sous-préfet, outre les lois, les décrets, il faut connaître toute l'étendue les limites, les droits, les devoirs de la profession, il faut connaître la région qu'on administre : sa position géographique, commerciale, industrielle ; ses productions, ses besoins ; le caractère et les mœurs de ses habitants, les diverses classes de la société, leur influence, leurs prétentions ; mille choses... enfin. Et, quand tu as eu à peine laborieusement étudié ces questions si variées et quelques-unes si ardues et si délicates dans Marne-et-Garonne, il t'a fallu recommencer ces études dans Seine-et-Meuse ; c'est une vie bien laborieuse que tu as embrassée.

» — Je vois avec peine que tu n'es pas changé, me dit M. le préfet de Seine-et-Meuse : tout jeune, tu étais déjà pour la règle, le devoir, le travail, la conscience, la hiérarchie, etc., toutes ces difficultés dont tu me parles avaient été inventées par les tyrans, par les castes privilégiées pour écarter des affaires publiques et du gouvernement, des grandes situations, du pouvoir et de la fortune, les hommes jeunes et intelligents qui, précisément à cause de leur intelligence, ne pouvaient s'astreindre à des travaux fastidieux, à des études énervantes, abrutissantes. Nous avons secoué tout cela. Notre devoir est de propager les immortels principes de 1789.

» — Et ces immortels principes... tu les as sévèrement étudiés, tu les connais bien ?

» — Sans doute, sans doute, du moins à peu près, Mais on dit comme cela : Les immortels principes de 89 — et ça suffit, personne n'en demande plus long. Au fond, ce que j'ai à faire, c'est « d'épurer » au-dessous de moi, comme d'autres épurent au-dessus, — c'est de placer partout des amis et des créatures — c'est d'obéir au mot d'ordre envoyé du Palais-Bourbon, — c'est de préparer les futures élections, — c'est d'établir un pouvoir absolu, despotique, au nom de la liberté. A quoi bon étudier les besoins, les productions, les intérêts et toute la liste que tu viens de débiter à propos d'une préfecture où l'on est comme l'oiseau sur la branche ? — A peine saurait-on un peu de tout cela qu'on serait envoyé d'une extrémité de la France à l'autre, où on trouverait d'autres mœurs, d'autres besoins, d'autres productions, d'autres intérêts, d'autres caractères, d'autres tempéraments, où, ce qui est pis, on serait simplement flanqué à la porte, — car l'opportunisme aujourd'hui régnant est menacé, attaqué ; — soit qu'il soit renversé, soit qu'il se sauve par des concessions en admettant au partage les plus influents de ses complices d'hier et de ses ennemis d'aujourd'hui — les nouveaux arrivés auront à leur tour des amis à caser, on « épurera » de nouveau.

» — Mais alors comment marchent les préfectures et leurs administrés ?

» — A peu près seuls ; il y a toujours, dans une préfecture, quelque vieil employé paperassier à 1,500, francs, qui est là depuis trente ou quarante ans, parce que la place ne vaut pas la peine d'être convoitée et prise ; il a une longue routine, des traditions, le maniement des affaires courantes. L'administration est un vieux tournebroche assez solidement monté autrefois, qu'un chien quelconque, mâtin ou caniche, le premier venu, met très bien en mouvement en remuant les pattes. Autrefois, la politique était une science, ardue, hérissée, fruit de longues et ennuyeuses études. Aujourd'hui, grâce au progrès, il n'en est plus ainsi : les castes privilégiées qui avaient créé ces difficultés et inventé cette prétendue science, ont été renversées avec les barrières qu'elles avaient élevées contre les classes intelligentes et les nouvelles couches sociales ; le Français est de sa nature souverainement intelligent, il comprend et devine tout, il ne se trompe et ne patauge que quand il s'avise d'étudier, car alors il se remplit le cerveau d'une foule de conventions surannées, de préjugés indigestes ; le Français est propre à tout s'il est républicain, c'est-à-dire s'il n'a pas altéré et faussé son intelligence native par de dangereuses, malsaines et fatigantes études et préoccupations. Avec les journaux, les assemblées et les loisirs de la vie de café, on sait bientôt de la politique tout ce qu'il est nécessaire de savoir et on établit de bonnes relations ; autrefois, on n'arrivait aux affaires, au pouvoir, que fatigué, usé et hors d'état d'en jouir ; grâce au progrès et aux immortels principes de 89, un enfant commence à discourir aussitôt qu'il commence à parler, ce n'est plus aujourd'hui qu'une seule et même chose que faire un enfant et faire un homme politique. La nation, autrefois réduite à choisir ses chefs et ses serviteurs dans un petit nombre, peut aujourd'hui prendre partout et au hasard ; ça a quelques inconvénients aujourd'hui, mais vous verrez comme ça ira bien... plus tard. La République, ou du moins les républicains, s'étendent et vont couvrir la France et s'asseoir dessus. On verra plus tard, si ça fait ce que ça ne fait pas encore, des racines. Travailler ! étudier ! « La vie est courte, disait Hippocrate, l'expé- » rience longue. » Tu vois que je n'ai pas oublié mes études. Aujourd'hui, grâce à la liberté, chacun est, à la fois, son disciple et son maître. Crois-tu que nos ministres en sachent plus que moi ? On raconte qu'il y a deux cents ans, un petit bossu se présenta devant les gens du roi chargés d'engager les soldats. « Mon ami, lui dit-on, ça ne » se peut pas. — Pourquoi ? — Parce que vous êtes » bossu. — Mais, M. de Luxembourg est bossu. — Ah ! » mais lui, c'est différent ; il est général. — Qu'à » cela ne tienne, dit le petit bossu, faites-moi géné- » ral. » Il n'y avait pas là autant de quoi rire qu'on l'a cru longtemps. C'est notre histoire. Présentez-vous pour être employé à 1,500 francs dans un ministère, on vous demandera savez-vous ceci, savez-vous cela? un tas de choses. Si, au lieu de commencer au bas de l'échelle, vous vous arrangez pour tomber d'en haut comme un aérolithe ou la grêle, vous pouvez demain être ministre là où, comme science, vous n'auriez pas été admis pour expéditionnaire, ni comme moralité pour garçon de bureau. On ne nous voudrait pas pour soldats, nous nous faisons généraux ; au lieu d'entrer surnuméraire dans un ministère et de monter lentement, laborieusement, un à un, les échelons, pour n'arriver jamais bien haut, on s'arrange pour dîner avec un ancien camarade de café ou de brasserie, qui, ayant d'abord joué sur la rouge et ayant fait charlemagne à temps, met aujourd'hui son enjeu, sa pièce, à cheval sur les deux couleurs et est pour le moment sur les sommets. On lui rappelle amicalement l'ancien temps, le bon temps ; il essaye d'éluder et de changer la conversation, mais on tient bon ; on lui dit : — On s'amusait dans ce temps-là, ma vieille ! Qui eût cru te jamais voir où tu es, toi qui as fait ceci et cela ? Ah! j'en sais de bien bonnes sur ton compte et sur ta petite vie ! Amanda m'en racontait encore une très drôle hier soir. Mais dis donc, les amis sont les amis; tu as besoin d'hommes dévoués ; trouve-moi donc et donne-moi un morceau de préfecture. — C'est que... il n'y a rien de vacant, vous dit votre ami. — Allons donc !... tu blagues ; et l'épuration ? On n'épure donc plus ; si on n'épure plus, il faut le dire... Ah ! comme Amanda raconte bien ton histoire avec elle ! Elle voulait l'envoyer au *Triboulet* ou au *Monde Parisien*... Et le lendemain, l'ami a épuré, on a mis dehors un réac, un tiède, un modéré, et vous êtes sous-préfet de Marne-et-Garonne pour commencer, et bientôt préfet de Seine-et-Meuse.

» Tu te rappelais tout à l'heure Hippocrate, — » moi je me rappelle Suétone : « Tibère, dit-il, fit » un jour un festin prolongé avec Pomponius Flac- » cus et L. Pison ; à la fin de cette débauche, il » les aimait tant, qu'il donna au premier le gouver- » nement de la Syrie, et au second la préfecture de » Rome. »

» Rien n'était plus facile, mais je te l'ai déjà dit,

j'ai assez des préfectures, on y a trop de maîtres ; je ne parle pas des ministres, mais il y a les journaux, les députés et les orateurs de café ; et puis, dans ces petites villes il y a des bourgeois, espèces d'aristos qui reçoivent mal le préfet, ou même ne le reçoivent pas du tout, et ne veulent pas venir chez lui, sous prétexte qu'il n'a pas de bonnes manières ou qu'ils ont reçu sur son compte des lettres de Paris ; mais tu es un ami, je puis tout te dire : je rêvais... une ambassade, et elle m'a été promise ce matin.

» — Ah ! et pour quel pays ?

» — Je n'en sais rien, mais ça m'est égal.

» — Mais je suis effrayé pour toi. Je lisais par hasard l'autre jour des mémoires d'un très distingué homme d'État allemand, publiés en 1762, le baron de Bielfeld, et je me rappelle tout ce que, selon lui, doit savoir un ambassadeur ou un ministre à l'étranger. Il doit, dit-il, se procurer des lumières sur les mœurs du pays et les usages de la cour où il va, sur le caractère, les antécédents, la valeur des gens en place. Il doit savoir imperturbablement la généalogie du prince vers lequel il est envoyé, ses alliances de famille, ses alliances politiques plus ou moins avouées, la situation géographique de ses États, leur commerce, les droits et les prétentions du prince, ses vues et ses idées politiques. Il faut qu'il demande aux archives communication des dépêches de ses prédécesseurs. Il doit connaître l'étiquette reçue pour le cérémonial et les visites. Il doit savoir au juste les prérogatives qu'il peut prétendre et celles qu'il ne peut même désirer. Il doit savoir à fond l'histoire politique de son pays et celle du pays où il va le représenter. Négocier avec les souverains est un art des plus difficiles ; il faut l'apprendre et commencer de bonne heure pour ne pas faire des fautes d'écolier. Il faut porter à l'étranger un nom qui signifie quelque chose, et arriver entouré d'une grande position et d'une considération incontestée dans son propre pays.

» — Ta ta ta ta. Fais la liste de nos ambassadeurs, et tu verras s'il y en a un seul qui remplisse trois de ces conditions ; tu n'es guère de ton temps, mon pauvre ami.

» Je continuai :

» — M. de Bielfeld parle des manières exquises, de l'esprit, du tact, de la dignité et de la modération qui sont tout à fait nécessaires. — Où aurais-tu pris tout cela ?

» Cabassol se leva impatienté et me dit :

» — Vous étiez déjà très bête autrefois, et je l'ai été autant que vous de supposer que vous pouviez avoir changé en vieillissant. Ne vous considérez plus à l'avenir comme étant même de ma connaissance.

» Il prit son chapeau et sortit si en colère qu'il oublia de demander la carte du dîner, que je dus payer, et qui se montait à cinquante-trois francs...

. . . .
. . . .

AUTRES TEMPS

Un de ces jours derniers, un procureur de la République, objurgant un accusé qui, paraît-il, se montrait un peu présomptueux en rappelant certains traits de bravoure pendant la guerre de 1870, lui adressa ces paroles qui m'ont frappé.

« Le temps des *d'Artagnan* est passé. »

Je voudrais savoir si l'honorable magistrat a conscience que c'était contre l'époque où nous vivons qu'il prononçait en sept mots un réquisitoire plus sévère que celui qu'il développait beaucoup plus longuement contre *son* prévenu devenu accusé.

C'est vrai, Monsieur, et il y a bien d'autres choses que les d'Artagnan dont le temps est passé.

Peut-être du temps des d'Artagnan, on se battait un peu trop et un peu légèrement. Mais n'avons-nous pas vu, il y a dix ans, trop de gens qui ne se battaient pas assez, quoiqu'il y eût de bien bonnes raisons pour se battre ?

Il n'y avait qu'une façon honnête de sortir de cette aventure pour ceux qui l'avaient provoquée, et c'est ce qu'on aurait fait du temps des d'Artagnan.

D'un autre côté, n'avons-nous pas vu les coryphées du parti soi-disant républicain se réfugier dans les ministères, dans les préfectures et, les préfectures pleines, inventer des fonctions de « délégués », de « préposés », etc., également bien rétribuées, et se tenir le plus loin possible des coups de fusil où ils envoyaient de pauvres jeunes gens sans armes, sans vêtements et sans vivres?

N'avons-nous pas vu cent-sept farceurs voter pour la continuation impossible de la guerre, et aucun de ces cent-sept ne pouvant répondre à cette question que je leur faisais : Nommez-en sept qui se soient battus, qui se soient exposés à la plus petite apparence de danger.

Non, nous ne sommes plus au temps des d'Artagnan. Nous ne sommes plus davantage au temps où les derniers ministres de Charles Ier d'Angleterre, voyant leur roi en accusation — les comtes de Richemond, de Harford, de Southampton et Lindsay, écrivirent à Cromwell et aux Communes : « Nous avons été les conseillers du roi, et nous avons concouru par nos avis à tout ce dont on lui fait des crimes aujourd'hui ; aux yeux de la justice, de la loi et de la raison, seuls nous sommes responsables et justiciables; nous sommes prêts à nous présenter devant les juges, et nous nous soumettrons à leur arrêt pour sauver une vie précieuse, qu'il est du devoir des communes elles-mêmes, comme de tous les sujets de la couronne, de garantir et de défendre à tout prix. »

Non, nous ne sommes plus de ce temps-là.

Nous ne sommes plus au temps même où un ministre savait descendre du pouvoir et mettait l'intérêt de la patrie au-dessus des intérêts de sa vanité ou de son avidité.

Nous avons encore vu ce temps-là, mais c'en était la fin ; Cavaignac, Charras, Vaulabelle, Senard, Tourret, se considéraient comme des soldats en faction, prêts à mourir à leur poste, mais prêts aussi à être relevés si la loi, si l'intérêt de la patrie demandait leur remplacement. Ce temps-là est bien passé. Voyez nos hommes d'État se cramponner à leur portefeuille comme l'aropède au rocher ωσπερ λεπας, trahir leurs serments, abandonner leur drapeau, jeter leurs principes par-dessus bord, déporter, fusiller leurs complices, etc.

Nous ne sommes plus au temps où le peuple français était renommé pour la bonté, la bravoure, la politesse, la gaieté.

J'ai encore vu le temps où les ouvriers travaillaient, où les étudiants étudiaient, où les avocats plaidaient devant les tribunaux, où les médecins soignaient ou attendaient des malades ; aujourd'hui, ouvriers s'intitulent exclusivement « travailleurs », étudiants, avocats, médecins, demandent aux hasards des révolutions, aux désastres de la patrie, la satisfaction de leurs appétits exaspérés.

J'ai vu le temps où, à la saison où nous sommes, le dimanche, les ouvriers et les bourgeois s'en allaient jusqu'à Belleville, à Romainville, à Saint-Denis, à Saint-Cloud, à Argenteuil ; là on cueillait et on rapportait des lilas et des bleuets qui égayaient le logis toute la semaine ; à Saint-Denis, on pêchait, on se baignait, on mangeait une friture, une matelotte : à Saint-Cloud, c'était une gibelotte ; à Argenteuil, le petit vin rose. Ah! dans ce temps-là, le vin donnait de la gaieté ; mais aujourd'hui on boit de l'eau-de-vie et de l'absinthe qui empoisonnent, rendent fous et méchants.

Ces lieux de divertissement ne voient plus que des réunions de bavards, d'exploiteurs et de dupes, « trompeurs, trompés et trompettes, » et se sont vus ensanglanter par d'horribles assassinats.

La Providence avait fait tout ce qui dépendait d'elle pour faire du peuple français un peuple heureux et bon. Ce temps-là est passé ; on s'envie, on se hait, on se menace, on se tue. On ne trinque plus cordialement ensemble dans des repas joyeux où on chantait l'amour, les femmes, l'amitié et la gloire des héros. Non ; on fait des banquets où on pérore, où on se récite réciproquement des articles de journaux, où on boit aux meurtriers, aux assassins, aux incendiaires. Nous sommes devenus des Thraces vitupérés par Ovide, qui se jetaient à la tête les verres et les amphores « faits pour la joie ».

*Natis in usum lætitia scyphis
Pugnare Thracum est.*

Comment dîner joyeusement ensemble, quand personne ne se contente plus de sa part et ne croit bien dîner qu'en y ajoutant la part des autres ?

*
* *

Ce n'est plus le temps non plus où l'on racontait l'histoire des d'Artagnan, ces héros un peu plus grands que nature, dont l'exemple enthousiasmait les jeunes esprits :

Ni l'histoire des héroïnes un peu exaltées, parfois un peu précieuses, mais fidèles, modestes et chastes jusqu'à la mort. Ce n'est plus le temps où les femmes se contentaient d'inspirer de beaux vers et de belles actions, et se bornaient à être reines dans la maison dont elles étaient l'honneur et la joie, où les filles, fleurs en bouton qui conservent et leur éclat et leur parfum pour un seul qu'on attend, timides, réservées, craintives, ne cherchaient à inspirer qu'un amour chaste et respectueux, le seul qu'elles soupçonnassent ; alors on ne leur serrait pas, on ne leur secouait pas la main, on ne les enlaçait pas pour ces danses effrénées, vertigineuses, lascives ; on évitait même de froisser, de toucher leur robe de mousseline ; alors il y avait de véritables vierges. Aujourd'hui, les femmes sur le retour, abusées ou désabusées, entrent en feuilleton comme elles entraient autrefois en religion ; elles se mêlent à la politique, font des conférences, assistent à des banquets, etc. Quant aux jeunes filles, elles parlent haut, sont touchées, chaque soir, par vingt hommes, se montrent en robes collantes, se dépouillent du mystère qui était leur plus grand charme, et n'apportent à l'époux qu'une virginité semblable à une marguerite effeuillée qui a perdu un à un ses blancs pétales et ne garde que son cœur jaune.

*
* *

Ce n'est plus le temps où on savait respecter et mépriser.

Ni le génie, ni la bravoure, ni le dévouement, ni l'intégrité ne mettent à l'abri du dénigrement et des plus cruelles insultes.

De plus, ni l'incapacité, ni la lâcheté, ni l'égoïsme, ni le pillage ne perdent un homme et ne le rendent impossible. Vous le verrez demain aux plus hautes fonctions, à la fortune, aux honneurs, pourvu qu'il appartienne à la coterie triomphante.

Si, dans un cercle comme dans la politique, on signale un joueur qui triche, a des « portées » dans sa manche, ou fait sauter la coupe, nous ne sommes plus au temps où on l'expulserait honteusement. Non, on dit: il triche, il a beaucoup de chances de gagner, je vais parier pour lui.

Nous ne sommes plus, monsieur le procureur de la République, au temps où la loi était inflexible et respectée, où la justice l'appliquait inexorablement, où il était sévèrement interdit à l'avocat de plaider contre les lois.

Nous ne sommes plus au temps où l'assassin s'appelait assassin, l'incendiaire incendiaire et le voleur voleur.

Aujourd'hui ce n'est plus un crime digne de mort de tuer un homme pour lui prendre sa montre. Mais c'est toujours un crime digne de mort d'avoir une montre.

Une fausse, inepte et niaise sensibilité, prise sur la part due aux victimes, s'attache aux assassins, voleurs, empoisonneurs, etc., et je vous défie d'imaginer un crime si épouvantable, avec les circonstances les plus monstrueuses, qui rende certaine pour celui qui l'a commis la suprême expiation. C'est un jeu de hasard. Ce n'est plus la loi qui décide, c'est le choix d'un avocat spécial, c'est la composition du jury.

Ce n'est plus le temps où on n'était jamais fourbe, hypocrite, insensé, avide, traître avant quarante ans.

Ce n'est plus le temps des d'Artagnan, comme vous dites, Monsieur, ni des Bayard, ni des d'Ossat, ni des Sully, ni des Malesherbes ; ce n'est même plus le temps pour ceux qui vivent encore, le temps du génie des capacités, du talent du travail, de la bravoure, de l'abnégation, — ce n'est plus le temps de ce que nous avons admiré, respecté, aimé, de ce que nous avons cherché à imiter, non ; monsieur le procureur de la République, vous avez raison, le temps des d'Artagnan est passé.

LES MÉDIOCRES

Je disais l'autre jour :

« La République sous laquelle on veut nous faire croire que nous avons le bonheur de vivre, au lieu d'être le gouvernement des meilleurs choisis par les bons est, au contraire, le gouvernement des médiocres choisis par les pires. »

Après avoir écrit ces lignes, je suis resté pensif, j'ai cherché, j'ai étudié et je suis resté convaincu que ce résultat était humain, nécessaire, inévitable, fatal, et, en même temps, moins effrayant qu'il n'en a l'air.

Et c'est de quoi je voudrais jaser un peu aujourd'hui.

Quand un pays est gouverné par un tyran, par un despote, par un roi de droit divin, qui n'a à rendre de compte, ou du moins croit n'avoir à rendre de compte qu'à Dieu, on peut supposer, et on suppose souvent avec raison, que ce potentat, ce prince, ce représentant, ce vicaire, ce lieutenant de Dieu, n'est pas aussi libre qu'on pourrait le croire, et que le tyran a aussi ses tyrans, grâce au cordon sanitaire contre la vérité et la réalité que forme autour de lui une cour, c'est-à-dire des gens riches et odieux, humbles en réalité, soumis en apparence. — Grâce à ses passions, à ses goûts, à ses faiblesses, étudiés, cultivés, déifiés et exploités, grâce aux privilèges des castes, aux étiquettes, aux traditions, aux préjugés, aux femmes, à la gloriole des palais et des lauriers, etc., le despote, le roi, ne connaît, ni ne voit jamais qu'un très petit nombre de ses sujets, et ne peut guère exercer librement et utilement ce qui est la science, l'art et le devoir de la royauté, c'est-à-dire « le choix » ; il n'a à choisir que dans ce petit nombre de gens qu'il connaît.

*
* *

Mais... en république !

Avec le suffrage universel ! toutes les castes abolies, tous les préjugés détruits, toutes les barrières renversées, tous les droits égaux, l'intérêt de chacun confondu dans l'intérêt de tous, les étrangers aux « affaires », ceux qui ont la vue et l'oreille dure doivent se dire :

La république... c'est la république ; le suffrage universel, c'est-à-dire que chaque citoyen est appelé à donner librement sa voix aux hommes qu'il pense les plus probes, les plus désintéressés, les plus instruits, les plus laborieux, les plus élevés par l'intelligence, par l'âme, par le cœur, à ceux don la vie antérieure donne des gages certains pour l'avenir, en un mot aux plus capables d'assurer le bien général dont chaque individu ne prétend que sa part équitable.

Pour cela naturellement, quand vient le moment des élections, la loi a le bon sens, n'épargnant rien pour assurer à chacun son libre arbitre, pour éloigner tout manège, toute brigue, toute intrigue, tout charlatanisme, toute corruption, tout mirage ; d'abord et nécessairement, le suffrage est obligatoire comme le service militaire, comme l'impôt ; la même loi inspirée par le même bon sens, doit-on penser, prohibe inexorablement pendant la période électorale toute réunion, toute assemblée dont le résultat pourrait être un triomphe pour les éloquents, ou pour ceux que le vulgaire trouve seulement éloquents pourvu qu'ils parlent longtemps sans s'arrêter, avec une grosse voix et de grands gestes, pour les hâbleurs, pour les charlatans, pour les avocats inoccupés, pour les comédiens sifflés, pour les dentistes découragés, pour les médecins de carrefour et vendeurs d'orviétan, pour les escamoteurs, joueurs de gobelets et avaleurs de muscades, tous gens qui, selon le républicain Prud'homme, je n'oserais l'affirmer sans une pareille autorité, exerçaient une si grande influence en 1790, 1792, 1793 — « à cause de leur habitude de parler effrontément en public », et en même temps que les tavernes, cabarets, cafés, brasseries, etc., seraient fermés, et que les journaux, pendant le même temps, seraient astreints à ne faire que de la littérature et se borneraient à amuser leurs lecteurs. Peut-être chercherait-on à établir l'usage des républicains d'Athènes, où, le jour des élections, lorsque les citoyens tardaient à se rendre au Pnyx, leur Forum, pour exprimer leur suffrage, les magistrats faisaient tendre sur l'*Agora*, le marché, une corde teinte en rouge qui enveloppait et entraînait la foule en marquant de traces rouges les habits des retardataires, qui payaient l'amende.

Toutes ces précautions sévèrement prises, on aurait quelque lieu de penser que le suffrage universel serait.. universel, et exprimerait l'opinion indépendante de chacun, autant qu'il appartient aux institutions humaines de s'approcher de la perfection. Alors la patrie, ayant le choix libre parmi tous ses enfants, choisirait naturellement les meilleurs pour leur confier le pouvoir, peut-être pour le leur imposer, si, comme le dit Platon, dans une ville où il n'y aurait que des gens de bien, il y aurait autant d'empressement à fuir le gouvernement qu'il y en a ailleurs à s'en emparer, ce qui aurait lieu surtout si on avait supprimé les gros traitements, contre lesquels on avait tant crié sous le dernier tyran.

Tout cela bien posé, bien consenti, bien convenu, bien établi, et on doit l'admettre, car le contraire serait un mensonge, bête, insolent, sinistre et peut-être mortel.

*
* *

Alors les étrangers, voyant au pouvoir et au gouvernement de la France un tas de médiocres, sont fondés à se dire : « Il paraît que cette pauvre France, aujourd'hui, n'a pas mieux que ça ; que c'est l'élite, le dessus du panier. » Les doux, les compatissants d'une part ; les envieux, les méchants d'autre part, disent en chœur, avec des intonations différentes : « Pauvre France ! quel abaissement ! quelle dégénérescence ! quelle anémie ! quelle énervation ! quel aplatissement ! quelle décadence ! quelle ruine ! etc., etc.

Eh bien... je veux croire, je veux dire et essayer de prouver qu'on se tromperait, qu'on se trompe en jugeant ainsi. Je veux tenter de rassurer la sympathique pitié des uns, de réprimer l'outrecuidante pitié des autres ; peut-être aussi, en même temps, réussirai-je à me le prouver et au moins à me le faire croire à moi-même, comme les gens qui ne marchent qu'en chantant, la nuit, sur une grande route où ils ont peur.

※

D'abord, le suffrage universel n'est, en aucune façon, universel, parce qu'on fait précisément le contraire de ce qu'il faudrait faire, comme nous le disions tout à l'heure, pour qu'il exprimât l'opinion raisonnée et indépendante de tous les citoyens ; grâce aux réunions, aux clubs, aux journaux, aux affiches, au lieu d'exprimer douze millions d'opinions de douze millions d'électeurs, le suffrage ne donne que trois ou quatre opinions qui se partagent les électeurs.

De plus, ce serait le cas de rappeler cette fable de la Bible, où la vigne, l'olivier, le châtaignier, etc., refusent la royauté parmi les arbres, que chacun a son fruit à produire, à nourrir et à mûrir, par suite de quoi la ronce seule accepte et est proclamée.

De même, les oisifs, les habitués de café et de taverne, les brelandiers, les amis de la bouteille, les forts au billard et aux dominos, les décavés, les déclassés, prennent exactement, religieusement, correctement, part au scrutin ; ça ne les dérange pas, ça les distrait, et c'est une occasion de boire à quelqu'un ou à quelque chose, ou contre quelqu'un ou quelque chose, et, quand vous voyez, ce qui arrive à peu près toujours, une élection être faite avec le quart et souvent moins du quart des votes des électeurs inscrits, on ne peut nier que ce qu'on appelle si improprement « le suffrage universel » n'est que le suffrage d'une assez petite et surtout de la peu respectable minorité, c'est-à-dire le contraire du suffrage universel. A peu près toutes les abstentions soit du tiers, soit de la moitié des électeurs, doivent être mises au compte des raisonnables, des sages, des laborieux, des occupés, des paisibles, des désintéressés, et ce n'est pas ce qu'ils font de mieux, mais c'est comme ça.

Quant à la majorité de cette minorité, qui vote assidûment,

Les uns, qui n'ont pas tout ce qu'ils voudraient avoir, aiment mieux dire : ô mauvais gouvernement ! ô privilèges odieux ! ô infâme capital, etc., que de dire, ô ma paresse ! ô mon ivrognerie ! ô mon ignorance !

Les autres sont des joueurs qui mettent leur enjeu sur telle ou telle couleur, et parient prudemment et de préférence pour celui qui a la réputation de retourner le roi, et d'avoir habituellement une « portée » dans sa manche.

*
* *

Lorsque le conclave est assemblé pour l'élection d'un pape, les prétendants qui voient leurs chances perdues ou très incertaines, tombent facilement d'accord pour « remettre la partie », en nommant le plus vieux des cardinaux, c'est-à-dire celui qui fera le moins attendre un autre conclave.

Ainsi, en 1848, le gouvernement du brave et honnête Cavaignac, à la fois républicain de conviction, de religion, et cependant, ou mieux à cause de cela, ayant donné de terribles gages contre l'anarchie, la démagogie et la voyoucratie, la République avait, de s'installer en France, des chances qu'elle est loin d'avoir aujourd'hui. Eh bien! une grande partie des soi-disant républicains avancés, démocrates, socialistes, etc., assurèrent l'élection du « prince Louis » comme président de la RÉPIPLIQUE (c'est ainsi qu'il prononçait ce nom, en lui jurant fidélité), les uns en votant « carrément » pour lui, les autres en perdant leurs votes sur Blanqui, sur Louis Blanc, sur Caussidière, etc., qui n'avaient aucune chance, parce qu'ils pensaient qu'il n'y aurait rien de si aisé que de jeter, après peu de temps, le neveu de l'empereur par les fenêtres des Tuileries — en quoi ils se trompaient — tandis que Cavaignac leur inspirait un respect haineux, et les menaçait d'une vraie République, où naturellement et inexorablement il n'y aurait pas de place pour eux.

* * *

Nécessairement la minorité des « pires » qui font les élections ne donnent pas leurs suffrages à des hommes dont le premier devoir et le premier soin seraient de les repousser et de les réduire à la dure nécessité du travail. Ils ne votent que pour les gens qui, placés au-dessus d'eux par une certaine éducation, sont cependant, au fond, de leur espèce, et dont l'avènement leur promet une « série » dont ils peuvent faire partie. Les vraies supériorités, les légitimes notoriétés, la vigne, l'olivier, le châtaignier ne se présentent pas ; ils aiment mieux faire leur vin, leur huile et le pain des pauvres; mais, s'ils se présentaient, ils ne seraient pas élus. Ne plaisantons pas, se disent les électeurs démocrates, socialistes, partageux, anarchistes, intransigeants, nihilistes, etc. ; avec ces gaillards-là, nous risquerions d'amener une vraie République et nous serions perdus. Nommons les farceurs pour qui la République est une échelle, juchons-les en haut, pour qu'ils prennent tout et nous jettent notre part par les fenêtres.

Ajoutez, à ces électeurs intelligents et réfléchis, les naïfs qui croient aux « boniments » des charlatans, et aux « blagues » des racoleurs.

Une fois un ou deux médiocres parvenus et hissés, ils ne sont pas assez imprudents, assez niais pour admettre auprès d'eux de plus grands qu'eux qui, placés sur le même plan, feraient voir qu'ils ne paraissent grands qu'à cause des tréteaux sur lesquels ils sont juchés

*
* *

Le célèbre comédien Lekain a laissé des mémoires dans lesquels il s'accuse d'un tort qu'il reconnaît et qu'il dénonce dans les louables intentions d'en préserver ses successeurs : « Je suis de petite taille, dit-il, et j'avoue que je me suis toujours, et presque toujours avec succès, opposé à l'admission d'acteurs plus grands que moi. C'est pourquoi, ajoute-t-il, il faut autant que possible se défier d'un acteur de petite taille, parce que, s'il devient influent, il ne laissera plus arriver que de plus petits que lui. »

Lekain ne parlait qu'au physique. Mais la chose est au moins aussi vraie sous le rapport intellectuel et moral.

Je citerai encore la princesse palatine, Anne de Gonzague :

« Une grande supériorité, une réputation éclatante, dit-elle, lorsque les hommes ont le temps de réfléchir, nuisent plus que n'importe quels défauts pour arriver au pouvoir. Il faut que des événements soudains et imprévus surprennent les gens. Sans cela, chacun songe à n'avoir pas un rival qui l'embarrasse et obscurcisse son mérite. »

Aussi, regardez de près aujourd'hui, et vous verrez que, dans chaque partie du Gouvernement, ce ne sont pas, tant s'en faut, les hommes les premiers dans leur profession qui sont choisis et enrôlés, ce sont les médiocres, quelquefois pis, et ils tombent facilement d'accord pour repousser leurs supérieurs.

Il arrive cependant ceci :

De même que les soi-disant républicains avaient enrôlé M. Thiers comme « cheval de renfort », ils imitent les hommes d'affaires qui, sous l'empire, cherchaient à se procurer, pour le « conseil de surveillance » de leurs industries, quelque ancien pair ou nouveau sénateur ruiné, besogneux ou « dépensier », qui ne surveillait rien dans des affaires auxquelles il n'entendait rien et se contentait de son « jeton de présence ».

De temps en temps, la coterie au pouvoir réussit à recruter un homme considérable, soit vrai républicain, soit séduit par l'idée de faire quelque bien ;

mais ça ne dure pas longtemps ; on n'a même pas besoin de le renverser quand il gêne. L'amiral Jauréguiberry s'en est allé probablement très écœuré, je pense, et l'amiral Cloué l'a imité dans sa retraite.

Les soi-disant républicains font bien, du reste, de se défier et de ne pas céder à un attrait, à une sympathie, à un entraînement pour une supériorité, car tel général qui plaît, ou par lequel on aime à se croire protégé en retour de la protection qu'on lui donne, pourrait avoir dans la destinée de conduire un jour un protecteur-protégé à Mazas.

Donc, ne jugez pas la France par ce que vous voyez ; non, ce n'est pas là tout ce qu'elle peut fournir, elle a, croyons-le, une réserve digne de son passé et de son histoire.

Ne croyez pas que la République et le suffrage universel aient mis au pouvoir l'élite et le dessus du panier », parce que le suffrage universel est tout à fait le contraire d'universel, et que la République est absolument le contraire d'une république.

C'est pourquoi, imitant les catholiques du temps de la Ligue et des guerres de religion qui désignaient les huguenots par la dénomination de « gens de la religion *prétendue réformée* », ce qu'ils exprimaient par ce monogramme : P. R., je désigne en écrivant à mes amis, l'état actuel, non par le monogramme officiel R. F., République française, mais par le même monogramme P. R. Qui au lieu de prétendue réformée signifie pour nous « Prétendue République ».

C'est pourquoi la France devait être et est condamnée et livrée aux « médiocres nommés par les pires » lesquels s'occupent maintenant de les renverser et de les remplacer.

Ne serait-il pas bientôt temps qu'elle fît avancer la réserve, ou compte-t-elle qu'ils sauront bien s'entretuer eux-mêmes et faire place nette ?

AU JARDIN

C'était à un carrefour que les agriculteurs latins faisaient leurs sacrifices à Cérès et aux autres divinités champêtres.

Près de la pierre antique, dit Tibulle, où pendent, dans un carrefour, des guirlandes de fleurs.

... *Vetus in trivio flores serta lapis.*

Nous traduisons *trivium* — trois chemins — par carrefour, dont cependant l'étymologie indique la rencontre de quatre chemins, *quadri furcus.*

Ceux qui sont censés nous gouverner et qui ne savent pas plus où ils vont qu'où ils nous mènent, sont arrivés à un carrefour, et là il se présente plutôt au moins quatre chemins que trois.

Il est à remarquer que les gens ignorants ou indécis prennent facilement des chemins qui aboutissent à un carrefour ; cela retarde la nécessité d'une résolution suprême, promet une étape moins longue et ajourne le combat.

Quant au carrefour, *trivium* ou *quadrivium*, ils y sont arrivés : les uns veulent prendre à droite, les autres à gauche ; le chef des opportunistes voudrait continuer tout droit, présentant un de ses profils aux conservateurs, et l'autre, rouge, fardé comme une statue de Jupiter, *facie miniata*, un air triomphateur, aux « ravageurs » ; mais M. Jules Simon se glisse entre M. Gambetta et les conservateurs, et M. Clémenceau entre le même Gambetta et les socialistes, sans compter Louis Blanc, Blanqui, etc., qui se placent entre les socialistes et M. Clémenceau.

A ce carrefour, on s'arrête pour respirer et faire des sacrifices au dieu, au peuple roi.

Quand il s'agissait de l'envoyer à la bataille, les chefs qui se tenaient prudemment derrière lui disaient : O cher petit peuple, δημοκίδιον, si nous te faisons tuer, en nous mettant à l'abri, c'est pour te conserver tes chefs, tes amis, tes sauveurs. Apporte des échelles contre les murailles de la maison où tes oppresseurs boivent ta sueur. Aide-nous à grimper et à entrer par la fenêtre. Une fois entrés, nous t'ouvrirons les portes, tu viendras t'asseoir à la table, et là nous ne réclamerons que l'honneur et le bonheur de te servir un festin en comparaison duquel la poule au pot d'Henri IV ne serait qu'un mets fade et un fricot écœurant.

Le cher petit peuple a apporté et appliqué les échelles ; beaucoup sont tombés, d'autres ont hissé les chefs, qui, entrés par les fenêtres, ont jeté par ces mêmes fenêtres les convives attablés. Puis ils se sont hâtés de barricader plus solidement les portes et de rejeter les échelles sur ceux qui les leur avaient tenues, cette fois-ci comme toutes les autres, selon le programme, l'étiquette et la légende des révolutions.

※
※ ※

Le peuple attendit un moment ; puis, ne voyant rien venir, commença à murmurer. Un des maîtres se montra à la fenêtre et dit : « Ça n'est pas tout à fait prêt, encore un peu de patience. » Mais le peuple sentait l'odeur des sauces, l'arome des ragoûts, et entendait les farceurs qui n'avaient même pas l'esprit de manger et de boire sans bruit.

— Consommé aux quenelles de volailles, criait-on dans l'intérieur, truite saumonnée, poularde truffée, turban de foie gras à la gelée, etc.

— Vous offrirai-je de ce Château-Yquem, de ce Chambertin, de ce champagne Cliquot?

— Au moins, crie le peuple, jetez-nous une miche de pain et des cervelas, et descendez un pot ou deux de vin bleu.

— Patience ! crie-t-on de la fenêtre, nous ne te traitons pas en mortel glouton et vorace, mais en dieu auquel on offre des sacrifices. De même qu'on sacrifiait au dieu Pan les chèvres qui rendaient les oliviers stériles en en léchant l'écorce, nous te sacrifions les prêtres et la religion qui se sont associés aux rois, ces mangeurs du peuple, Δημοβόροι — pour nous empêcher de mettre ton couvert.

— Mais j'ai faim ! crie le peuple.

— Tu n'appelleras plus les évêques « Monseigneur », mais simplement M. l'évêque, — c'est du nanan, ça.

— J'ai soif.

— Nous te délivrerons des magistrats, et de la justice, et des lois qui n'ont jamais cessé de te gêner.

— Mais, du pain ?

— Nous supprimerons la gendarmerie, dont tu as tant à te plaindre.

— Du pain !

— Tes représentants mangent des « cailles à la régence », c'est comme si c'était toi. A ta santé, le vin de la veuve Cliquot.

— Du travail ! du pain !

— Ce ne sont plus tes oppresseurs qui habitent les palais, qui touchent de gros traitements, qui font de bons dîners, — ce sont tes amis — ô cher petit peuple, comme tu dois être content !

*
* *

Laissons nos maîtres au carrefour — ils sont inquiets, — déjà ils n'ont plus confiance dans le mensonge imbécile du suffrage improprement appelé universel, — ils veulent le renforcer par l'escamotage effronté du « scrutin de liste » repoussé en 1848 par Victor Hugo et M. Thiers, et par le bon sens public qui fit que cinq mille électeurs rien que du Havre refusèrent de voter.

. . . .

Les lilas et les aubépines sont en fleurs, l'air est plein de parfums et de chants d'oiseaux, c'est surtout de mon jardin de Saint-Raphaël qu'aurait pu se plaindre ce manant dont j'ai autrefois raconté l'histoire.

— Permettez-moi, Monsieur, de ne plus coucher au pavillon, il y a là des rossignols qui gueulent toute la nuit et m'empêchent de dormir.

Et pourquoi tant de rossignols dans mon jardin de Saint-Raphaël? Puisque nous « causons jardin », je vais vous le dire :

C'est qu'en plantant un jardin, je pense aux oiseaux comme je pense aux papillons et aux abeilles, je leur prépare aux uns et aux autres des asiles sûrs et une table toujours mise.

Pour les rossignols, il y a des fourrés impénétrables, des buissons bas, des églantiers à fleurs roses, blanches, jaunes et à épines acérées, des ronces à fleurs doubles, blanches et roses, des aubépines de toute sorte, un bois de lilas, et tout cela autour d'une grande mare alimentée par une source d'eau vive, avec quelques bords en pentes si douces que les oiseaux y « ont pied » sur le bord et s'y peuvent désaltérer et baigner, en même temps qu'ils y trouvent des tipules, des cousins et d'autres insectes dont ils font leur principale nourriture. Outre les fruits écarlates des aubépines, il y a sous les arbres une grande quantité de daphnés lauréolés qui, à leurs fleurs vertes doucement parfumées, font succéder de petites baies noires dont les rossignols sont très friands. Je ne plains pas quelques fraises ni quelques figues aux fauvettes, etc., etc.

Mais si je veux parler aujourd'hui des jardins, c'est que je vois avec terreur et indignation le mauvais goût et la sottise tenter de les envahir.

Et notez qu'il ne s'agit même pas d'une idée nouvelle : c'est la restauration de quelque chose de bête, de même que la Commune d'où nous sortons et où on veut nous ramener n'est que le renouvellement de la Terreur.

*
* *

Quelques-uns se rappellent, au moins pour en avoir entendu parler, ce qu'étaient autrefois les jardins de Versailles, type de ce qu'on a appelé longtemps, injustement et injurieusement, le jardin français, c'était le luxe tyrannique et absurde ; tout despotisme aboutit à Shahabaam, nous voyons nos maîtres actuels, pour ce despotisme et cette ineptie, se mettre en route à grands pas, sur l'air de la *Marseillaise* et au nom de la liberté.

On disait à l'eau : suivre naturellement les pentes du terrain, serpenter dans les vallées, en murmurant une fraîche et heureuse chanson, ou tomber écumante et bruyante du haut des rochers... mais c'est l'eau du bon Dieu, c'est l'eau du peuple : pour le roi, l'eau doit s'élancer de bas en haut, sauter, danser et surtout obéir.

Quant aux arbres, toi, *chêne*, tu prétends être un arbre, tu seras un mur ; toi, *peuplier-tremble*, qui fais frissonner tes feuilles avec un petit susurrement, tu manques de tenue, tu manques à l'étiquette, tu vas être une colonne.

Prenez donc exemple sur les *ifs* et sur les *charmes*, voilà les arbres dociles, des arbres de cour, des « sujets ». Les charmes deviennent des obélisques, des péristyles, les *ifs* se métamorphosent en bancs, en parasols, en vases, en toute sorte d'animaux.

Je m'arrête ici, pour réprimer la superbe des Anglais, qui ne parlent qu'avec un magnifique et raide dédain de nos anciens jardins « français », et je vais produire une preuve que, s'ils n'ont pas inventé ces jardins ridicules, ils les ont au moins servilement imités ou copiés, ce qui est pis.

.·.

Voici ce que je lis dans un volume : les *Nuits anglaises*, imprimé en 1770 :

« Autant les Anglais sont supérieurs aux autres nations dans ce qui concerne les jardins potagers, autant ils leur sont inférieurs dans la plantation des autres jardins. Le simple leur déplaît ; on ne trouve qu'arbres monstrueux, taillés en géants, en animaux, en oiseaux ébauchés ; ils préfèrent ces futilités, aux merveilles de la nature ; — un de leurs écrivains s'est récemment moqué de cette manie dans un écrit qui a couru le monde.

» Il suppose qu'un très habile jardinier a porté son art à la plus haute perfection, et il publie le catalogue des arbres et arbrisseaux toujours verts mis en vente.

» *Adam et Ève en ifs*. — Ève et le serpent en très bon état, Adam un peu gâté par la nécessité de retrancher une branche morte, mais qui ne peut tarder à repousser.

» *Saint Georges en buis ;* son bras n'est pas encore assez long, mais sera en état de percer le dragon au mois de juin prochain.

» En grec Εια.»

A peu près à la même époque, 1748, un jardinier français, Louis Liger, disait, dans un livre imprimé à Paris : « Grand'salle du palais, au pilier des consultations : »

« On peut dire que l'industrie de nos jardiniers n'est jamais montée à un si haut point qu'aujourd'hui ; il ne faut, pour en juger, que regarder les différentes figures qu'ils se sont imaginé de donner à l'orme. L'art a surpassé la nature. »

Suit la description des principaux déguisements de l'orme, avec figures.

Allons-nous revenir aux « portiques » aux « colonnades », aux « labyrinthes », aux « arcades », aux vases, aux animaux, etc?

En attendant, quelques jardiniers de ce temps-ci tentent depuis quelques années de ressusciter les « parterres mélangés de broderies de gazons et de sables de diverses couleurs. » On imitait les palmes des schalls ; les compartiments étaient formés par des bordures de buis nain qu'on ne laissait jamais se développer. On admira beaucoup, en ce temps-là, les « parterres en broderie » d'un gentilhomme ; ce parterre représentait ses armes et celles de sa femme. Rien n'y manquait : écusson, support, pièces de tout genre.

Ce sont les niaiseries prétentieuses que j'ai vues récemment reproduites à Paris, à Lyon, à Marseille, à Milan, etc., sous le nom de mosaïculture. C'est avec ces puérilités de mauvais goût, ces petites et mesquines monstruosités, qu'on a gâté et rendu ridicule, au lac Majeur, la charmante Isola Bella. Un ami des jardins, un admirateur de la nature, doit s'opposer de son mieux à l'invasion de ce goût déplorable. J'en ai déjà dit un mot à la première apparition, j'y reviens aujourd'hui.

***

Cette honnête colère a été réveillée par un éloge emphatique et poussé jusqu'au dithyrambe, que je trouve dans un journal, d'une plante relativement assez nouvelle, l'*écheveria*.

Certes, je ne dédaigne aucune des plantes qui veulent bien accepter l'hospitalité chez moi, y croître et y fleurir, pas plus que je ne les dédaigne chez elles ; mais à la condition que, chez elles, comme chez moi, elles soient à leur place et concourent à l'harmonie générale.

J'ai fait plusieurs jardins dans ma vie, tous ont présenté un charme très particulier. Ce charme tient à l'harmonie, à ce que mon hospitalité est tendre, soigneuse, intelligente, étudiée. Chaque plante, non seulement y occupe précisément la place que la nature lui a assignée, mais elle trouve, à cette place, tout ce qui constitue son caractère, son tempérament, ses habitudes de nourriture et même de voisinage. Si j'étais riche, j'élèverais une montagne exprès pour y planter la *gentiane* bleue et la *rose des Alpes — rhododendum ferrugineum —* qui ne peuvent vivre qu'un an ou deux exilées dans les jardins. Quand je fais un jardin, j'imite le maître d'écriture qui, sa page écrite, efface à la gomme les lignes au crayon qu'il avait tracées, j'efface les mains de l'homme. Mon jardin a l'air de n'avoir été ni dessiné ni planté par personne, tout pourrait y être venu de soi-même et à l'état sauvage. Ce n'est pas un jardin, c'est un lieu. Il semble qu'on pourrait le rencontrer par hasard dans une île inhabitée.

Revenons à *l'écheveria :* l'écheveria, qui doit son nom à un peintre botaniste, ressemble singulièrement aux *joubarbes* et aux *sedum,* — seulement elle a sur eux ce désavantage que, originaire du Mexique, excepté dans nos climats du Midi, elle ne peut supporter l'hiver sans être rentrée en serre, et, comme je ne parle pas qu'à des jardiniers, quoique j'espère que les amis connus et inconnus qui me lisent aiment, sinon les jardins, du moins la nature, je rappelle que la *joubarbe* est une plante ressemblant à un artichaud, et vêtue de plusieurs nuances de vert, de glauque, ou bien rouge, selon les variétés, qui ne demande aucun soin, sinon d'être à sa place, et dont on décore souvent le faîte des chaumières, concurremment avec l'iris aux fleurs violettes.

Mais avec une grande différence dans l'intention : l'iris sur la crête des toits, plantée dans la terre argileuse qui maintient le faîte des chaumes par les racines, est encore un riche et charmant ornement ; mais la joubarbe a passé pour préserver de la foudre les maisons qu'elle couronne ; elle a été également un talisman contre les enchantements et les maléfices des sorciers ; elle guérit encore, mais uniquement, les cors aux pieds ; d'où les noms anciens de joubarbe — *Jovis barba* — barbe de Jupiter, qui ne peut s'expliquer ni par la forme ni par la couleur, tandis que son nom grec αειζωων, et son nom latin *sempervivum*, qui en est la traduction, expriment sa rusticité ; — on compte à peu près quatre-vingts variétés de joubarbes ; toutes vivent sur les toits, sur les rochers, sans soins, presque sans terre, et les décorent d'un riant tapis qui s'étend rapidement ; les *sedum*, qui ressemblent beaucoup aux joubarbes, avec lesquelles on les confond quelquefois, sont aussi très nombreux, et ne demandent pas plus de soins, — cela diminue l'importance qu'on donne aujourd'hui aux écheveria, dont je ne dis aucun mal, dont je compte quelques variétés dans mon jardin, parce qu'aux bords de la Méditerranée, elles sont aussi bonnes filles que les joubarbes et les sedum, mais que je n'aurais jamais admises dans mes jardins de Paris ni de Sainte-Adresse, où elles auraient montré des exigences inacceptables.

⁎
⁎ ⁎

En résumé, il ne faut pas permettre la ridicule et enfantine invasion de la *mosaïculture*, qui fait des progrès. J'ai vu des jardiniers et des amateurs écrire dans leurs parterres leur nom et leur adresse avec des *écheveria* juxtaposés. A ceux-là, qui doivent regretter les « parterres en broderie », puisqu'ils les ressuscitent, je rappellerai le *basilic*, qui a eu autrefois un règne assez despotique dans les jardins. Écoutez Louis Liger, déjà cité :

« On peut dire que le basilic est une plante fort mignonne et tout à fait royale, comme l'indique son nom grec βασιλικος. »

Il donne ensuite très longuement l'art de cultiver les basilics. On les plantait « dans de jolis pots de faïence ou de porcelaine richement ornés, et on les mettait de place en place dans les parterres, sur de petits piédestaux de pierre proprement taillés ».

« Comme la beauté d'un basilic, ajoute-t-il, est d'avoir sa tête bien ronde, s'il arrive que quelque petit rameau excède les autres, on le coupe avec des ciseaux. »

Il n'y a rien à dire contre le basilic, sinon que, comme tant d'autres, il avait usurpé une place pour laquelle il n'était pas créé.

Voilà ce que j'avais à dire sur les *écheveria* et sur la mosaïculture, et je l'ai dit pendant que nos maîtres sont arrêtés, hésitants et un peu inquiets au carrefour où ils devaient fatalement aboutir.

A MONSIEUR PAUL DALLOZ

DIRECTEUR DU *MONITEUR UNIVERSEL*

Mon ami,

J'ai lu avec intérêt votre discussion avec le *Temps* sur ce que Victor Hugo appelle, dans les *Feuilles d'automne*, « les pensums voraces ».

Le *Temps* propose diverses inventions :

1° Avoir des professeurs choisis, des maîtres d'études distingués et possédant une autorité morale sur les élèves ;

2° Envoyer aux parents, chaque semaine, un bulletin de la conduite et du travail de l'enfant.

Ces inventions rappellent celles du grand publiciste Girardin du temps qu'il avait une idée par jour, inventant un jour le café à la crème et le lendemain découvrant l'Amérique.

Aucun proviseur de lycée, aucun maître de pension n'a jamais recherché des professeurs et des maîtres d'études ignares, sans tenue, sans dignité. Il y a cependant, dans cette invention, un point qui mérite d'être pris en considération, parce que ce serait une justice rendue : augmenter les appointements de ces gens plus ou moins dévoués ; mais, comme vous le dites, ce serait loin de résoudre le problème.

Quant à la seconde invention, le bulletin envoyé aux parents, l'Université le pratique de toute éternité. Il y a même, dans les collèges externes, un cahier de correspondance entre les professeurs de collège et les maîtres de pension.

Vous en revenez aux pensums, avec tristesse, mais avec résignation, parce que, avec raison, vous ne croyez pas à la panacée du *Temps*, et vous ne voyez pas autre chose que ces malheureux pensums.

Je connais assez la justesse et la bonne foi de votre esprit pour vous dire que je ne suis pas de votre avis, et pour vous le dire dans votre journal. — On n'a pas trouvé : il faut chercher, et je crois que je l'ai trouvé.

J'ai fait beaucoup de pensums comme élève, j'en ai un peu donné, comme professeur au collège Bourbon, et j'ai toujours eu contre eux, dans ces situations différentes, et même dans celles que j'occupe depuis longtemps, de n'en avoir ni à faire ni à donner, la même haine que vous, que votre confrère du *Temps* et que Victor Hugo.

A l'époque où nous sommes, croyant à tort obvier à l'encombrement des carrières dites libérales, on a créé, imaginé des obstacles, des barrières que l'on élève et surélève de temps en temps. J'ai, je crois, prouvé l'inutilité et le danger de ces barrières.

Un des dangers, c'est de surmener l'intelligence des jeunes cerveaux, de les rendre exténués, fourbus, anémiques, de faire beaucoup de bacheliers mais très peu d'hommes ; beaucoup de bossus, de rachitiques, etc.

A l'âge où on est au collège, on a presque autant besoin d'exercice que de nourriture. J'ai vu des élèves qui, à force de rester assis à faire des pensums pendant les récréations, perdaient l'habitude et même le goût des exercices et des jeux si salutaires.

Le philosophe Ménédème, parlant des écoles de son temps (120° olympiade), disait : « Je vois beaucoup de jeunes gens arriver aux écoles ; ils arrivent sains de corps et d'esprit et naturellement assez sages. De sages, ils deviennent philosophes ; de philosophes, sophistes ; et de sophistes, idiots. »

Voici ce que j'ai, il y a un demi-siècle, pratiqué avec succès dans une école où j'étais *pion*, avec des appointements « non augmentés. »

Je ne donnais pas de pensums ; aucun élève

n'était privé d'exercice, mais je réservais aux criminels des exercices ennuyeux :

Tirer 25, 50, 100 seaux d'eau à un puits ;

Pousser d'un point à un autre, 5, 10, 15 brouettées de terre ou de sable ;

Faire au pas ou en courant, 15, 20, 25 tours de la cour, sans que personne leur parlât ni leur répondît s'ils parlaient ;

Etc., etc., etc.

Tout à vous.

DE QUATRE RÉPUBLIQUES

PRÉFACE

O Français, mes frères choisis, — car la destinée m'avait mis en situation de choisir ma patrie, — je voudrais bien vous être utile en quelque chose. J'ai usé bien de l'encre et émoussé bien des becs de plume à vous dire des vérités longtemps cherchées et méditées, mais j'ai eu cette singulière fortune qu'on a dit souvent de moi: « Comme il avait raison il y a dix ans! Comme il avait raison hier! » Mais je ne crois pas qu'on ait jamais dit: « Il a raison aujourd'hui. » J'ai toujours été battu par ceux qui adoptaient en l'exaspérant la folie du moment à laquelle j'échappais, non par supériorité de génie, mais par absence d'ambition, modestie de besoins, résolution de n'être jamais quelque chose pour rester quelqu'un.

Combien de fois, fragile Français, depuis bientôt un siècle, pour ne pas remonter plus haut, as-tu porté au pouvoir et renversé des farceurs se disant tes amis et grands républicains qui n'ont fait que t'exploiter effrontément, t'envoyer aux coups et se partager le butin !

Quand tu t'aperçois que leurs promesses n'étaient que des « boniments » de racoleurs, au lieu d'entrer en défiance des Démosthène de la borne et des Cicéron du ruisseau et de fuir au bruit de leur langue maudite, comme au bruit de la cliquette d'un lépreux, tu ne penses qu'à en chercher d'autres qui te débagoulent les mêmes phrases, te font les mêmes promesses qu'ils ne tiendront pas davantage pour deux raisons :

La première, c'est qu'ils n'y pensent pas et n'y ont jamais pensé ;

La seconde, c'est que cela leur serait impossible, et qu'il n'y a de vrai que ce que disait le républicain Franklin :

« Mes amis, tout homme qui vous dit que vous pouvez vous enrichir autrement que par le travail et l'économie, est un coquin qui vous trompe et veut vous exploiter. »

Je veux, aujourd'hui, vous présenter, mes chers Français, mes chers frères, un petit travail qui vous prouvera clairement, historiquement, mathématiquement, irréfragablement, que, quatre fois en France, nous avons été en république ou sous un gouvernement qui, pour ceux qui ne préfèrent pas les mots aux choses, présentait tous les avantages de la république — ou y conduisait ;

Que sur ces quatre républiques, trois vous ont été données par des rois ;

Que, de ces rois, vous en avez tué deux et chassé le troisième ;

Que, lors de la quatrième république, — peut-être possible alors même avec son nom, — vous avez remercié avec un enthousiasme unanime l'honnête homme qui vous la donnait, au bénéfice du neveu d'un despote, despote lui-même ;

Et que, les quatre fois, ce sont vos prétendus amis, les soi-disant républicains, qui ont quatre fois tué la république et vous ont quatre fois livrés au despotisme.

Je vous donne aujourd'hui le premier chapitre.

PREMIÈRE RÉPUBLIQUE

Ce qui se passe devant nos yeux est loin d'être nouveau. Aristophane met en scène:

Le *peuple*, Cléon est un *chaircuitier*.

« O peuple, mon bon petit peuple ! dit le *chaircuitier*, δημακίδιον, je veux être haché sur une table et mis en saucisses, si je ne t'aime pas plus que moi-même. »

« Et moi, dit Cléon, écoute bien ceci : mouche-toi avec tes doigts, et essuie-les à mes cheveux. »

« Sous prétexte de bien public, dit Salluste, chacun combattait uniquement pour sa fortune particulière. »

« Jamais personne, dit Tacite, n'a voulu dominer qui ne se soit servi du prétexte de la liberté. »

Et chez nous, pour ne remonter qu'à Louis XI, lors de la fameuse ligue dite « du bien public », Commines nous raconte que les chefs armés, soi-disant *pour les intérêts du peuple*, ne demandaient qu'à se vendre au roi ; « le duc de Berry demandait la Normandie ; le comte de Charolais exigeait, pour sa soumission, les villes assises sur la rivière de Somme, etc., et ainsi des autres. »

La « grande Ligue » ou la « sainte Union » avait mis sur son drapeau la religion et l'adoucissement du sort du peuple. Les chefs allaient même jusqu'à parler de république, et plusieurs historiens, même modernes, ont cru à ce « boniment » de charlatan, ont cru voir poindre en réalité l'idée républicaine.

En apparence, en effet, le pouvoir était aux mains de la municipalité, quelque chose comme une *commune;* mais les « seize », chefs des seize quartiers, n'étaient que des hommes de paille, et il était sérieusement question, par un marché fait par le duc de Mayenne et ses complices, grâce au « *Catholicon* d'Espagne », de nommer reine de France la fille de Philippe II, à laquelle on eût fait épouser un prince autrichien, et *du Vair* s'écriait en plein Parlement : « Seize coquins ont fait vente au roi d'Espagne de la couronne de France. »

Sautons un moment jusqu'à la Fronde ; voyez ces luttes à la fois atroces et ridicules. On dit au peuple que les princes sont la cause de ses souffrances ; on met les princes en prison, et le peuple fait des feux de joie dans Paris. Au bout de quelque temps il s'aperçoit que ça ne va pas mieux. On lui dit alors que c'est à cause de l'emprisonnement des princes ; on met les princes en liberté, et le peuple fait de nouveaux feux de joie, probablement avec le restant des fagots des premiers.

Le fameux conseiller Broussel est mis à la Bastille, c'est un héros, une victime de son amour pour le peuple ; le peuple fait des barricades ; mais Broussel, de « frondeur » devient « Mazarin », quand on lui promet pour son fils le gouvernement de cette même Bastille, et surtout quand on le lui donne à lui-même.

Revenons à la fin de la Ligue, c'est-à-dire à Henri IV.

Il n'est pas hors de propos de rappeler aux Français qu'ils ont eu, il y a à peu près trois cents ans, un roi appelé Henri IV... Ne vous récriez pas ; ne me dites pas : Quelle plaisanterie ! Henri IV ! nous ne connaissons que ça...

> Ce diable à quatre
> A le triple talent
> De boire et de battre
> Et d'être vert-galant

Oui, vous le connaissez par une légende très incomplète, très au-dessous de la vérité, et par une chanson qui, en quatre vers, renferme au moins une grosse inexactitude.

De cette chanson cependant, si vous voulez bien me prêter un peu d'attention, nous allons faire trois

points et trois divisions du présent discours, — les
« trois talents », ou mieux les trois vertus du Béarnais, et vous verrez combien la légende, contrairement à l'usage des légendes, est restée au-dessous de
la vérité et vous laisse ignorer Henri IV.

Il y a des modes et des modes tyranniques pour
l'histoire, pour les jupes et les rubans des femmes;
pour les mœurs comme pour la coiffure : — c'est en
obéissant à une mode de dénigrement universel, qui
n'empêche pas l'engouement non moins universel
pour d'autres fétiches, que l'énorme Dictionnaire
Larousse a pris à tâche d'éplucher Henri IV, dont
la légende, tout incomplète qu'elle est, est gênante
cependant pour les ennemis du principe de la
royauté.

Ce Dictionnaire, œuvre dont la conception est colossale, avait le tort d'être d'une exécution impossible; il est plein de partialité, de partis pris et de
contradictions, et on croirait difficilement combien
un si gros livre, très estimable dans beaucoup de
ses parties, a été, dans quelques autres, bâclé avec
légèreté.

Revenons à notre chanson.

Des « trois talents » du Béarnais, je commencerai
par en supprimer un — « boire. »

« Henri était sobre, sa première éducation de
paysan, sa vie passée dans les camps avec des fortunes diverses et presque toujours avec une grande pé-

nurie d'argent, ne l'avait pas accoutumé aux plaisirs de la table.

Roi de France, il écrivait à Sully, à l'Arsenal :

« Mon ami, je monte à cheval après-dîner pour aller coucher à Luzarches, et me rendre demain de bonne heure à Paris, où je fais état d'aller dîner chez vous ; tâchez d'avoir du poisson.

» HENRY. »

Il écrivait au même Sully :

« Mes chemises sont toutes déchirées, mes pourpoints troués ; depuis deux jours, je dîne chez les uns et chez les autres, mes pourvoyeurs disaient n'avoir plus moyen de rien fournir pour ma table. »

« Son entretien personnel, dit Sully dans ses « OEconomies royales », était le seul qu'il négligeât ; il fallait, pour l'obliger à y penser, que son maître-d'hôtel, Montglat, l'avertît que *sa marmite était sur le point de donner du nez en terre.* »

Une table, où le même Sully était servi avec une frugalité qui eût pu déplaire aux seigneurs et « marjolets » de la cour, surtout ces sensuels qui se font une occupation très sérieuse de raffiner tout ce qui se mange et se boit, » etc., il y a loin de cela aux *menus* que publient chaque jour les journaux des festins de nos Excellences actuelles.

Nous renonçons donc pour notre héros à un des
« trois talents » que lui prête la chanson. Passons à
à un autre.

* * *

« Être vert-galant », aimer : il n'y a pas moyen de
le nier, même pour un panégyriste : Henri IV aimait
les femmes ; « la charmante Gabrielle », la belle
d'Entragues, occupent une place dans son histoire.
Mais écoutons Sully, qui eut, à ce sujet, bien des
fois maille à partir avec son maître : « S'il eût été, la
première fois, marié à sa fantaisie, à une femme qu'il
eût aimée et qui l'eût aimé ; si sa seconde femme ne
se fût pas entourée de personnes qui lui étaient désa-
gréables, et l'eût recherché, caressé, etc., il a juré
une fois à ses amis et confidents serviteurs qu'il s'en
fût contenté ; mais jamais il n'a fait violence ni indignité à mari ni à femme et ne s'est jamais déclaré
avoir de l'amour pour une femme mariée. Le feu
Roy, pour quelques amourettes qu'il ait pu avoir,
n'a jamais, à cause d'elles, ni pour leur com-
plaire, usé d'aucune cruauté, violence, offense, rapt,
extorsion, enlèvement, vexations sur les peuples,
donné confiscation, ni destitué quelqu'un de ses
honneurs, charges et dignités ; voire qu'aucune
de celle qu'il a aimées n'a jamais osé parler d'aucune
de ces choses. »

Mais, pour être juste, sous ce titre « aimer », il faut faire entrer le plus vrai, le plus constant, le plus désintéressé, le plus chaud de ses amours : c'est l'amour de la France, l'amour du peuple, et « surtout des paysans et ouvriers de la terre, de l'agriculture et des pâturages, ces deux mamelles intarissables de la France. »

A propos des ouvriers, il écrit à Sully :

« Mon ami, faites donner au maire de Fontainebleau six mille livres que j'ai promises : tout retard préjudicierait aux ouvriers, c'est pourquoi je vous prie de les faire délivrer au plus tôt.

Autre lettre : « Mon ami, pour les victimes des débordements de la Loire, Dieu m'a baillé mes sujets pour les conserver comme mes enfants ; secourez-les de tout ce que je peux faire.

» HENRY. »

Lors d'une maladie qui mit ses jours en grand danger, au mois d'octobre 1598, — les médecins désespérant de sa guérison, et lui aussi se croyant près de mourir, il dit à Sully :

« Mon ami, je n'appréhende nullement la mort, vous le savez mieux que personne, vous qui m'avez vu en tant de périls dont il m'était si facile de m'exempter ; mais je ne nierai pas que je n'aie regret de sortir de la vie sans élever ce royaume à la splendeur que je m'étais proposée, et avoir témoigné à mes peuples que je les aime comme s'ils étaient mes enfants, en les déchargeant d'une partie des impôts et en les gouvernant avec douceur. »

« Tous les jours, dit Sully, par l'ordre exprès du Roy, au sortir de mon dîner, je passai dans ma grande salle, où l'on savait que je donnais audience; tout le monde y était admis, et l'audience était libre. La réponse n'était pas moins prompte. Je faisais en sorte que tout le monde, prêtres des deux religions, militaires, citadins, paysans, etc., fût expédié avant que je me retirasse ; j'envoyais même avertir de s'approcher ceux qui auraient laissé passer l'heure dans les cours ou dans les jardins. Si la chose qu'on me demandait ou proposait était juste et dépendait de moi, en deux mots j'en promettais l'exécution ; si elle était injuste, j'en faisais quelque reproche avec politesse, et je me défendais honnêtement de m'en mêler ; si elle me paraissait douteuse ou compliquée, j'appelais un de mes secrétaires, que je chargeais des papiers qui en pouvaient donner l'éclaircissement, et je faisais en sorte que l'expédition que j'en promettais dans la semaine fût achevée dans ce temps-là; quelque épineuse que fût la question, le conseil auquel elle était portée ne la gardait jamais au delà du mois. »

« Le Roy, dit-il ailleurs, était laborieux et perspicace. Sur le chapitre des finances, par exemple, il portait l'exactitude jusqu'à se faire rendre compte par moi tous les huit jours des deniers reçus et de leur usage. »

« On ne pouvait pas dépenser cent écus, dit l'historien Péréfixe, sans qu'il sût s'ils avaient été bien ou mal employés. »

« Il ne lui échappa pas, continue Sully, que, dans une fonte, on avait essayé de détourner un canon. Dans une remise de sept mille écus qu'on put accorder au peuple sur les tailles, il liquida lui-même ce qui devait revenir à certaines paroisses plus pauvres. Il ne perdait jamais de vue aucun de ceux à qui l'État était redevable ou qui rendaient quelques services, même dans les provinces éloignées, etc., etc. »

Passons au troisième talent :

*
* *

Se battre.

Il serait oiseux et ridicule de chercher à donner des preuves de l'extrême bravoure de Henri — un des meilleurs, peut-être le meilleur capitaine de son temps — un temps qui dura assez longtemps encore après lui, où de grands capitaines faisaient de grandes choses avec de petites armées ; il n'en remplissait pas moins l'office de soldat résolu, encourant parfois de Sully et de ses autres compagnons le reproche d'imprudence ; car, lui disaient-ils, si vous vous faites tuer, vous nous mettrez en grand embarras, et peut-être nous-mêmes à notre perte, car nous n'avons personne pour vous remplacer. — « A quoi, dit Sully, il nous répondait en riant. »

Devant Talmont, un gentilhomme envoyé par M. de Vitry pour lui communiquer un avis qu'il n'eût pas été prudent d'écrire, s'approcha du roi, se pencha à son oreille, et lui dit : « Sire, M. de Vitry m'envoie aviser Votre Majesté que... » Un coup de feu lui emporta la tête.

« A Aumale, comme il voulait passer le dernier un pont qui devait mettre ses soldats à l'abri de forces trop supérieures, il reçut une arquebusade dans les reins ; nonobstant, il continua à présider la retraite, sans s'étonner ni permettre aucun désordre, faisant tête à l'ennemi et passant le dernier; ce n'est que le soir, à Aumale, qu'il se fit panser, etc., etc., etc. »

Mais ce que je veux établir, c'est que ce prince, si brave soldat, si habile et si heureux capitaine, qui s'était toujours battu lui-même et avait dû à la guerre une gloire inépuisable et la couronne de France, avait cependant la guerre en horreur.

« La fortune, disait-il, tient en ses mains les événements de la guerre ; mais, en supposant une guerre heureuse, quoi de si déplorable que des succès qu'un prince achète par anticipation de tous ses revenus, par la ruine de son commerce, par le dépérissement de l'agriculture, par l'épuisement de ses provinces ? Qu'avez-vous à mettre en balance à de si grands malheurs? Des conquêtes dont la possession par la force renouvelle vos alarmes à tous les instants, et qui, demeurant comme autant de monuments odieux qui rappellent à votre ennemi l'ambition et les offenses de celui qui les a faites, deviennent un germe d'envie, de défiance, de haine, qui replonge tôt ou tard deux nations dans les horreurs de la guerre. »

Comparez avec les autres conquérants, héros, moins anxieux de lauriers, cueilleurs de palmes, etc., qui ne se battent guère eux-mêmes, se dressent des arcs de triomphe et se montrent sur les monnaies et lauriers qui coûtent si cher à leur peuple ; écoutez madame de Sévigné disant de Louis XIV : « Le retour de l'armée est retardé par le *plaisir* que le roi prend à la guerre. » Écoutez ce roi lui-même, qui, au passage du Rhin, pensait que « sa grandeur l'attachait au rivage », du côté où on ne se battait pas. Écoutez-le s'accuser, en mourant, d'avoir aimé la guerre.

Henri caressait surtout une grande et noble pensée dont nous allons parler tout à l'heure, après avoir dit quelques mots de son souci d'étendre et faire progresser l'industrie en France.

Henri, qui ne s'offensa pas de voir Sully déchirer sous ses yeux une promesse de mariage faite à mademoiselle d'Entragues, ne lui céda pas sur un point où ils étaient tout à fait en désaccord.

Il s'agissait de « planter des mûriers, d'établir l'art de la soie et des manufactures étrangères qui ne se pratiquaient point en France ». Sully qui, du reste, demeura de son propre avis, raconte qu'il fit tout son possible pour détourner le Roy de ce projet, et leur discussion à ce sujet est du plus haut intérêt ; il est probable que j'en donnerai quelque jour le résumé à mes lecteurs.

Le roi le laissa parler tant qu'il voulut, sans l'interrompre, et les objections de Sully, très plausibles, tiennent sept pages des « OEconomies royales ». Il appuyait surtout sur les envahissements du luxe, et « l'excessive dépense » des gens de justice, de finances et d'écritoire, qu'il fallait réprimer. Quand il eut fini, le roi lui dit : « — Sont-ce là toutes vos raisons ? Eh bien, pour cette fois, je trouve les miennes meilleures. Quant à me mettre à dos tous ces gens de justice, de finances et d'écritoire, et surtout leurs femmes et leurs filles que vous me jetteriez sur les bras par vos projets de réforme, j'aimerais mieux combattre le roy d'Espagne en trois batailles rangées. Quant à vos règlements, nous y penserons en autre saison. »

Et on planta des mûriers, et on fit venir des ouvriers pour la soie.

※

La grande, la noble pensée de Henri IV, — pensée qui suffirait pour mériter à sa mémoire la vénération et l'amour, non seulement des Français, mais du monde entier, — c'est un projet de paix universelle et perpétuelle entre tous les États de l'Europe, projet auquel il avait déjà amené et associé la reine Élisabeth d'Angleterre, « sa grande amie », qui mourut avant lui.

L'Europe se serait trouvée divisée en quinze puissances — empires, royaumes et républiques, — le mot y est, — et, bien plus, on engage les *treize* cantons de la Suisse à se former en *république des Helvétiens*; de même « les provinces belgiques et autres environnantes » à devenir une « république » : de même on invite les peuples de Hongrie et de Bohème à revenir à leurs antiques constitutions, libertés et franchises, en « la libre élection de leur roi et empereur ».

Tous les potentats, *surtout les héréditaires*, auront autant que possible une égale étendue de domination, force et pouvoir.

On gratifiera toujours plutôt les *États électifs et populaires* que non pas les héréditaires.

Il y aura entre les associés une entière liberté de commerce, tant sur terre que sur mer, les uns chez les autres.

Tous débats et difficultés se résoudront par arbitrage, etc.

L'Europe sera ainsi réunie et associée sous le nom de RÉPUBLIQUE CHRÉTIENNE.

L'espace me manque pour citer certaines maximes du roi Henri ; j'en citerai seulement trois :

« Que tous sujets indifféremment puissent trouver justice et protection en l'équanimité de leur souverain, pour que la nécessité ne les réduise à en chercher dedans les fonctions et partialités. »

« Que le souverain ne se jette jamais dans aucune des factions, mais les domine toutes également. »

« Que, sans acception de personnes, il reçoive les services de tous ceux ayant volonté et capacité, sans que la haine, l'envie ou la fureur n'entrent jamais en considération, etc. »

En 1596, Henri, à l'ouverture d'une assemblée des États généraux, explique qu'il n'avait pas voulu que cette assemblée se fît par députés nommés par le souverain, mais qu'on y admit librement toute sorte de personnes.

« Si je faisais gloire, dit-il, de passer pour un excellent orateur, j'aurais apporté ici plus de belles paroles que de bonne volonté ; mais mon ambition tend à quelque chose de plus haut que de parler, j'aspire aux titres de libérateur et de restaurateur de la France. Je ne vous ai pas appelés ici, comme faisaient mes prédécesseurs, pour vous obliger d'approuver aveuglément mes volontés ; je vous ai fait assembler pour recevoir vos conseils, pour les croire, pour les suivre, en un mot, me mettre en tutelle entre vos mains : c'est une envie qui ne prend guère aux rois, aux barbes grises et aux victorieux comme moi ; mais l'amour que je porte à mes sujets me fait trouver tout facile et honorable, etc. ». (Péréfixe.)

En 1599, au milieu des difficultés suscitées par le Clergé, l'Université, le Parlement, etc., relativement à l'édit de Nantes qui reconnaissait les droits relatifs des membres des deux religions, il dit aux évêques :

« Vous m'avez exhorté de mon devoir, je vous exhorte du vôtre. Faisons bien à l'envi les uns des autres. Je verrai vos cahiers et j'y répondrai de mon mieux. »

Il dit au Parlement, qui lui faisait des remontrances : « Vous me voyez à mon cabinet, où je viens vous parler, non pas en habit royal, ni l'épée au côté, mais en pourpoint et jaquette grise, comme un père de famille qui vient pour parler familièrement à ses enfants. Je vous prie de vérifier l'édit que j'ai accordé à ceux de la religion. Ce que j'en ai fait est pour le bien de la paix. J'ai fait la paix au dehors, je la veux au dedans. Ceux qui empêchent que mon édit ne passe veulent la guerre ; c'est à eux que je la ferai. J'ai fait l'édit, je veux qu'il passe. Aujourd'hui, je vous parle en père ; demain je parlerai en roi. »

※

Qui oserait dire que la France ait jamais vécu, même un jour, sous un prince et sous un gouvernement aussi voisins de la république, comme l'entendent les gens sensés et les honnêtes gens ? — Que restait-il à demander ? l'absence du Roi, pour que la place vide excitât les ambitions et les troubles.

Ce roi républicain, mille fois plus républicain qu'aucun homme qui ait jamais pris ce titre, fut alors tué — et voici où en était la France à sa mort : « Il avait rendu son peuple content et à son aise, — la France dégagée, les coffres remplis, — racheté pour 70 millions de domaine — mis en réserve des avis et expédients pour recouvrer 60 millions *sans aucunement fouler son peuple*, — si bien ménagé ses revenus que, dans trois ans, il voulait et pouvait remettre toutes les tailles à ses sujets. »

Henri mort, on vit reparaître les ambitieux et les avides, on recommença à parler de « l'intérêt du peuple » pour s'en faire un instrument toujours sacrifié. Sur le refus que le Régent fit au prince de Condé du Château-Trompette, il forma un parti des mécontents, sous prétexte de mauvais gouvernement de l'État. »

... « Tous ces bruits, rumeurs et mouvements que l'on disait pour le bien public, furent bientôt convertis en intérêts particuliers qui se terminèrent en une paix assez *malotrue* et de peu de durée. Amboise fut donné au prince de Condé, Sainte-Menehould au duc de Nevers, etc. »

Si bien que les prétendus amis du peuple conduisirent la France au despotisme de Richelieu.

Comme ces mêmes amis, sous le nom de frondeurs, la menèrent au despotisme de Louis XIV.

Ainsi finit une de nos républiques, tuée par les prétendus républicains et les soi-disant amis du peuple.

DEUXIÈME RÉPUBLIQUE

I

Louis XIV avait « aimé la guerre, » le faste, les femmes, et s'était surtout aimé lui-même. Rien n'avait manqué à l'éclat de son règne, mais aux guerres étrangères, tantôt heureuses, tantôt malheureuses, qui ne valent pour les peuples, pas mieux les unes que les autres, il avait fait succéder des persécutions religieuses, c'est-à-dire une guerre implacable contre une partie des Français.

Son successeur Louis XV, avec tous les défauts et peu ou point des grandes qualités de son aïeul, avait suivi ses traces, mais seulement sur un théâtre moins élevé. Il avait permis à ses maîtresses et à ses ministres d'exercer le despotisme; madame de Pompadour indiquait aux généraux des plans de campagne, ce qui n'était pas moins ridicule que ce que nous avons vu de ce temps-ci, d'autres « porte-jupes », des avocats, nommer, destituer, louer, blâmer de vieux généraux, leur donner des ordres, etc.

Que pouvait-on espérer de l'avenir et d'un jeune prince appelé à lui succéder, et qui avait été élevé à cette cour, dans ces principes et avec ces exemples ? Allions-nous encore descendre ?

La Providence qui, à tant de reprises, a essayé en vain de rendre la France heureuse entre les nations, manifeste sa protection d'une manière inespérée.

Le jeune Louis XVI était doux, instruit, vertueux sans rigorisme, laborieux, etc.

Il lisait, admirait et aimait Voltaire, Rousseau, Diderot, Montesquieu, Fénelon, etc., et si plus tard il diminue ses sentiments à l'égard de quelques-uns d'entre eux, c'est, comme il l'écrivait à Malesherbes, le 13 septembre 1786, lorsqu'il s'aperçut que leurs écrits avaient excercé une mauvaise influence sur « la jeunesse, qui lit avec ivresse, et sur la classe la plus nombreuse des hommes qui lisent sans réflexion. »

Louis XVI commence par rappeler le Parlement exilé ; il appelle au ministère les hommes que l'opinion lui désigne, il écrit à un homme d'une haute intelligence et d'un noble caractère, à ce vertueux Malesherbes, 17 avril 1786 :

« ... Entouré, comme je le suis, d'hommes qui ont intérêt à égarer mes principes, à empêcher que l'opinion publique ne parvienne jusqu'à moi, il est de la plus haute importance pour la prospérité de mon règne que mes yeux, de temps en temps, se reposent avec satisfaction sur quelques sages de mon choix, que je puisse appeler les amis de mon cœur, et qui m'avertissent de mes erreurs avant qu'elles aient influé sur la destinée de 24 millions d'hommes... J'ai étudié en silence, mon cher Malesherbes, votre vie civile et privée, et j'ai été bien plus heureux de vous offrir une grande place que vous de la recevoir. »

Le 15 avril 1776, il avait écrit à Turgot : « Votre administration bienfaisante obtient l'approbation de tous les Français ; vos vues grandes et sages, le bien que vous opérez sont gravés dans ma mémoire et encore plus dans mon cœur. Continuez de faire le bonheur des Français et vous ferez celui d'un roi qui ne veut être que le père de ses sujets. Nous méditerons ensemble vos projets et peut-être nous pourrons réparer bien des maux et amener d'utiles changements. »

En même temps, des lois ayant été proposées par Turgot, qui, selon Louis XVI, avaient « pour but de délivrer le commerce d'une gêne préjudiciable et de pourvoir au soulagement de ceux qui ne vivent que par le travail et sont les plus exposés à l'indigence », un grand nombre de courtisans, de privilégiés et le Parlement s'étaient élevés contre ces lois, et le Parlement refusa de les enregistrer ; le roi tint un « lit de justice » et dit :

« Je vois avec chagrin qu'il n'y a personne qui aime le Peuple que moi et M. Turgot », et il fit, d'autorité, enregistrer les édits de Turgot.

Le 16 janvier 1778, il écrivait à M. de Forbonnais :

« Sous le gouvernement des rois qui m'ont précédé, des circonstances malheureuses ont formé la dette publique ; j'ai cherché tous les moyens de l'éteindre, j'ai consulté les hommes qui joignent la théorie à la pratique ; j'ai confié les places administratives, en cette partie, aux financiers les plus habiles : ils ne m'ont offert pour remèdes que des emprunts, des impôts ou la banqueroute, des projets désastreux de banque ou des actes frauduleux. Ruiner l'État et pressurer le peuple, voilà tout leur secret. Ce n'est pas ainsi que Sully acquittait les dettes contractées par le bon Henri après une guerre longue et sanglante Sully ne s'avisa pas de bizarres spéculations, ce n'est que dans l'économie qu'il cherchait et trouvait des ressources ; exciter l'industrie, protéger l'agriculture, encourager le commerce, voilà toute sa politique... J'ose vous assurer que ce grand Henri, que mon cœur chérit et vénère, ne pouvait pas aimer le peuple d'un amour plus tendre que celui que je lui porte. »

Le 28 décembre 1787, il écrivait à Malesherbes :

« L'ouvrage de M. de Mirabeau, sur les prisons d'État, que j'ai lu avec attention, renferme des vues profondes. Je regrette vivement que l'auteur, par son inconduite, m'empêche de croire à ses principes philanthropiques ; il n'en faut pas moins, mon cher Malesherbes, profiter de tout ce que vous trouverez d'utile dans son ouvrage ; puis, une fois convaincu des abus, remédier promptement au mal. »

Déjà le 17 avril 1776, il lui avait écrit :

... « La nature vous a donné une âme *citoyenne*... vous avez commencé votre ministère avec une vigueur qui ne contrariait pas mes principes ; on se plaignait des lettres de cachet dont votre prédécesseur disposait au gré de ses favorites, et vous avez refusé d'en faire usage. La Bastille regorgeait de prisonniers, qui, après plusieurs années de détention, ignoraient quelquefois leurs crimes, et vous avez rendu à la liberté tous les hommes à qui on ne reprochait que d'avoir déplu à des gens en faveur, et tous les coupables qui avaient été trop punis.

» Vous avez entrepris des réformes utiles dans ma maison... Combien sera cher à mon cœur le moment où, bannissant une vaine pompe, je n'aurai plus d'autre « maison » que des hommes tels que vous, et pour garde que les cœurs des Français ! »

Le 18 décembre 1786, il écrivait à M. Berthier, intendant de Paris :

« Vous avez présenté au Conseil d'État un projet dicté par la plus pure philanthropie ; j'aime vos moyens pour extirper la mendicité : utiliser les pauvres mais ne point ajouter à leurs infortunes ; élever des lieux de retraite où l'humanité dicte des lois, où la sagesse veille, où l'amour du travail soit récompensé, où la jeunesse active soit toujours occupée, et le vieillard souffrant soulagé... La corvée est abolie... les hospices de mendiants valides ne pourraient-ils pas fournir les ouvriers *travailleurs* qui seraient chargés d'entretenir les routes, d'en construire de nouvelles ?

» Il me paraît que vous vous êtes trop peu occupé des moyens les moins onéreux pour le peuple... il n'est déjà que trop surchargé d'impôts... Cherchons le mode le moins dispendieux, le plus agréable au peuple, de soulager les contribuables, utiliser les pâtures et pourvoir à l'entretien des routes. Soyez persuadé que je vous soutiendrai. »

Notons en passant que Louis XVI a été guillotiné et Berthier déchiré en morceaux, — de même qu'on a pu remarquer plus haut que ce sont Louis XVI et Malesherbes qui ont surtout détruit la Bastille avant ceux qui s'en sont proclamés les vainqueurs, et plus qu'eux qui, peu de temps après « leur victoire » changeaient en prison, les couvents et les églises, prisons où on égorgeait les prisonniers.

Dans la nuit du 4 août 1789, la noblesse française porta, par patriotisme, un coup mortel aux restes de la féodalité ; sur sa proposition, l'Assemblée décréta l'abolition des justices seigneuriales, des droits exclusifs de chasse et de « colombier », elle accepta l'offre des corps jusque-là privilégiés, qui se déclaraient prêts à payer comme les autres citoyens leur part des impôts. Elle promulgua la gratuité de la justice, l'abolition de tous privilèges, franchises, chartes, etc. L'archevêque de Paris dit : « Au nom de mes confrères et de tous les membres du clergé qui appartiennent à cette Assemblée, en mon nom personnel, nous remettons toutes les dîmes ecclésiastiques entre les mains de la justice et de la générosité de la nation. »

Le 4 février 1790 le roi se rendit dans la salle de l'Assemblée nationale et prononça ces paroles :

« C'était, je dois le dire, d'une manière plus douce et plus tranquille que j'espérais vous conduire à ce grand but qui se présente à vos regards, lorsque je formai le projet de vous rassembler et de réunir pour la félicité publique les lumières et les volontés des représentants de la nation ; mais mon bonheur et ma gloire ne sont pas moins liés aux succès de vos travaux.

... » *Le temps réformera ce qui pourra rester de défectueux dans la collection des lois qui auront été l'ouvrage de cette Assemblée...* Que partout on sache que le roi et les représentants de la nation sont unis d'un même intérêt et d'un même vœu, afin que cette ferme croyance répande dans les provinces un esprit de paix et de bonne volonté...

» Je défendrai, je maintiendrai la liberté constitutionnelle, dont le vœu général, d'accord avec le mien, a consacré les principes. Je ferai davantage, *et, de concert avec la reine je préparerai de bonne heure l'esprit et le cœur de mon fils au nouvel ordre de choses que les circonstances ont amené. Je l'habituerai, dès les premiers ans, à être heureux du bonheur des Français, et à reconnaître toujours, malgré le langage des flatteurs, qu'une sage constitution le préservera des dangers de l'inexpérience, et qu'une juste liberté ajoute un nouveau prix aux sentiments d'amour et de fidélité dont la nation, depuis tant de siècles, donne à ses rois des preuves si touchantes.* »

Le 4 août 1789, le roi avait été proclamé par l'Assemblée « restaurateur de la liberté française », et ce titre avait été confirmé par les acclamations de toute la nation ; il avait accepté avec résignation d'abord, mais avec résolution, et la « déclaration des droits de l'homme » et la Constitution.

Il écrivait, dès 1776, à M. de Maurepas, en renonçant à son ministre de la guerre, M. de Saint-Germain, qu'il regrettait : « Je dois, quoique roi, faire céder mon opinion à celle de la majorité. »

Le 24 avril 1792, il écrivait à Dumouriez : « Les vrais amis de la Constitution me verront toujours défendre cette Charte nationale que j'ai longtemps hésité à sanctionner. Mais j'ai promis ; le temps, l'expérience, l'opinion publique seront consultés, et la volonté royale, l'intérêt du roi de France seront toujours oubliés. N'espérez pas, Monsieur, que je change d'opinion, que je me place au-dessus de la Constitution, ni au-dessous. Je conserverai le rang où elle me place, je serai fidèle aux gens de bien qui me regardent, aux amis de la Constitution qui doivent se fier à moi ; à tous les Français que la nuit de l'erreur et du mensonge ne doit pas envelopper toujours, et dont je suis et serai le père et le meilleur ami. »

Il écrivait à Vergniaud, le 19 janvier 1791 : « Les novateurs n'ont aucun but ; ils visent à la nouveauté, et ne s'attachant jamais à rien, ils détruiront toujours ; ils renverseraient le lendemain la constitution qu'ils auraient établie la veille, les fonctionnaires publics qu'ils auraient nommés ; ils tendent à se détruire eux-mêmes ; il faut, Monsieur, se rallier de bonne foi à la Constitution : elle a des imperfections, je l'avoue, mais, dans un temps orageux, elle est une planche salutaire. Sauvons ensemble, de bonne foi, cette Constitution. » Le roi et la reine, qui avaient déjà refusé le don de joyeux avènement, avaient envoyé toute leur argenterie à la Monnaie, et, à une députation de l'Assemblée le priant de la reprendre, Louis avait répondu : « N'insistez pas, vous ne sauriez croire combien, la reine et moi, nous tenons peu à ces vulgaires et inutiles magnificences. »

Certes, la France, la liberté, les idées philosophiques avaient fait un pas de géant, tel que sous Louis XIV et sous Louis XV, la logique l'eût déclaré impossible, ou, tout au plus, ne l'eût espéré que de plusieurs règnes, et peut être de plusieurs siècles. C'était un grand monument improvisé. Il eût été juste et sage, je l'ai déjà dit, de s'arrêter à cette étape, à ce premier étage, d'affermir, d'étayer, de consolider cette base, de laisser sécher les plâtres. Pour mettre cette première assise en état de supporter ce qu'on jugerait bon plus tard d'élever dessus, on pouvait d'autant mieux attendre qu'on ne savait pas du tout ce qu'on devait mettre dessus, et que même on ne le sait absolument pas aujourd'hui, après bientôt un siècle de débats, de troubles, de révolutions, au lieu de monter toujours l'édifice comme un château de cartes.

Il eût été juste et sage, une fois à ce point, d'infiltrer graduellement les progrès et les idées nouvelles, d'inoculer doucement la liberté civile et politique, au lieu de se livrer à un carnaval et à une mascarade ridicules et sinistres. Mais cela n'eût pas fait l'affaire de ceux qui, des troubles, des misères publiques, se sont fait, alors comme d'autres aujourd'hui, un patrimoine et le champ qu'ils cultivent.

II

Comme je le disais l'autre jour, en finissant : la sagesse et la justice eussent conseillé de s'arrêter à ce qu'on avait conquis et acquis, de ne rien demander de plus à ce roi qui avait tout donné en sacrifiant les préjugés de son éducation et de sa caste, les intérêts de son pouvoir, et toute la « piaffe » de la royauté ; il fallait entourer le reste de son règne de paix, de respect et d'affection ; il fallait méditer, étudier de nouvelles améliorations, de nouveaux progrès, si l'on en trouvait, et en ajourner l'exécution au règne suivant pour lequel on préparait le successeur « au nouvel ordre de choses » ; mais, comme je l'ai dit aussi, cela n'eût pas fait l'affaire de ceux qui, alors comme depuis, comme aujourd'hui, font du trouble, de la guerre intestine, des misères de la France, leur patrimoine et le champ qu'ils cultivent, en s'intitulant effrontément républicains et amis du peuple.

Tous les « cahiers » des départements donnant aux représentants leurs instructions, étaient sans exception d'accord sur un point :

« Le gouvernement monarchique, l'inviolabilité de la personne du roi, et l'hérédité de la couronne de mâle en mâle, sont consacrés par tous les « cahiers », et ne sont mis en question par aucun. »

(Rapport du comité de Constitution contenant le résumé des cahiers, — lu à l'Assemblée nationale le 27 juillet 1789).

Voici du reste le résultat du dépouillement des » « cahiers » renfermant les instructions des commettants à leurs représentants. — A l'unanimité, la France veut ceci :

1° Le gouvernement français est monarchique ;
2° La personne du roi est inviolable et sacrée ;
3° La couronne est héréditaire de mâle en mâle ;
4° Le roi est dépositaire du pouvoir exécutif ;
5° Les agents de l'autorité sont responsables ;
6° La sanction royale est nécesssaire pour la promulgation des lois ;
7° La nation fait la loi avec la sanction royale ;
8° Le consentement national est nécessaire à l'emprunt.
9° L'impôt ne peut être accordé que d'une tenue d'états généraux à l'autre ;
10° La propriété sera sacrée ;
11° La liberté individuelle sera sacrée ;

7

La Déclaration des droits de l'homme et du citoyen dit au chapitre II.

Art. 1ᵉʳ. « Le gouvernement français est monarchique » ; et article 29 : « L'indivisibilité et l'hérédité du trône sont les plus sûrs appuis de la paix et de la félicité publiques, et sont inhérentes à la véritable monarchie.

La plupart des députés ne se croyaient pas le droit de désobéir au mandat impératif et unanime de leurs commettants en instituant une autre forme de gouvernement que celle sur laquelle se prononçaient à l'unanimité les « cahiers » ; mais une partie violente de l'Assemblée commença immédiatement à battre la royauté en brèche. On attaqua d'abord la sanction royale, que la foule rejette sans le comprendre, sur lequel elle s'exalte, s'irrite et devient furieuse. On dit au peuple que le veto ramenait l'esclavage et tous les droits féodaux, et reconstruisait la Bastille, — on appela le roi M. Veto et la reine mame Veto, et on prêta au couple Veto les projets les plus sinistres, et on chanta dans tout Paris.

> Madame *Veto* avait promis
> De faire égorger tout Paris.

N'avons-nous pas vu la royauté de 1830 succomber sous le sobriquet de *juste milieu*? Le « juste milieu » étant, du consentement unanime des sages de tous les temps et de tous les pays, le synonyme de justice et de bon sens,

In medio stat virtus,

devint alors bêtement synonyme de despotisme et de tyrannie.

En vain Mirabeau s'était prononcé pour le *veto*.

« Si le roi n'a pas le *Veto* (dit-il, le 1er septembre 1789), qui empêchera les députés d'éterniser leur autorité, d'envahir le pouvoir exécutif, de s'emparer de toutes les places, etc. ?

Il ne voulait pas non plus qu'on « *alarmât* le dépositaire du pouvoir exécutif, ni qu'on affectât de mépriser son opinion.

On fit tout pour *alarmer* le roi sur le maintien du peu que la Constitution lui laissait des anciennes prérogatives royales ; on fit tout pour lui faire regretter les concessions qu'il avait faites ; on le traita comme le roi des contes de fées, père de Peau-d'Ane. Après la robe couleur du temps et la robe couleur de la lune, on demanda la robe couleur du soleil, et on exigea la « peau de l'âne. » On avait dépouillé la couronne de France de ses joyaux les plus brillants, ce n'était pas assez, on remplaça les rubis, les saphirs, les émeraudes par des épines. Après l'opération, on l'enfonçait sur la tête du pauvre roi, en lui disant : Ça vous convient-il ? ça ne vous blesse-t-il pas ? Il essuyait la sueur et quelques gouttes de sang, et disait : Ça pourrait être plus doux, ça me fait un peu de mal ; mais je m'y habituerai. — Il ne faut pas qu'il s'y habitue, disaient les anarchistes. On reprenait la couronne, on y ajoutait de nouvelles épines aux bons endroits, et on la lui renfonçait sur la tête.

On voulait qu'il devînt — malgré lui — ennemi de la Constitution qu'il avait acceptée ; ce prince, qui était né roi de 24 millions de sujets, était devenu le seul sujet de 24 millions de rois qui ne s'entendaient même pas entre eux pour le pousser, soit à *hue*, soit à *dia*, et le tiraillaient en tous sens. On l'accusa de s'entendre avec les étrangers pour faire envahir la France. Voici cependant ce qu'il écrivait aux princes émigrés, le 15 août 1791 :

Au prince de Condé :

« Mon cousin, en vain j'ai témoigné à mes frères combien tous ces rassemblements en armes sur les bords du Rhin étaient contraires à la saine politique, à l'intérêt des Français, à ma propre cause. On veut toujours nous menacer de l'étranger et l'opposer aux Français égarés ; cette conduite me pénètre de douleur et ne peut avoir que de funestes résultats... S'il me faut descendre du trône, monter sur l'échafaud comme Charles Ier, me voilà prêt ; mais point de guerre ! point de guerre !... Cependant, le bruit de vos préparatifs se fait entendre... Mon cousin, vous qui désirez unir la gloire au devoir, vous que les émigrés regardent comme leur père et leur chef, et que j'estime, moi, comme prince loyal et magnanime, opposez-vous, je vous en conjure, aux projets insensés des Français réunis auprès de vous. Faites-leur bien connaître tout le danger, opposez ma volonté, mes avis, mes prières même... J'ai besoin de l'espérance, et d'apprendre que vous êtes dociles à ma voix, pour goûter un instant de bonheur.

» LOUIS. »

Je ne rappellerai point ici les menaces, les outrages de toutes sortes dont on l'accablait pour le pousser à bout, je rappellerai seulement sa résolution de ne point se défendre par la force.

Il écrivait, le 7 septembre 1789, au comte d'Artois, qui l'engageait à repousser les agressions :

« Mon frère, vous n'êtes pas roi ! le Ciel, en me plaçant sur le trône, m'a donné les sentiments d'un père, du père d'une grande famille confiée à mes soins. L'ingratitude, la haine s'arment contre moi ; mais le peuple croit s'intéresser à sa propre cause, et c'est moi seul que je défendrais. Je pourrais donner le signal du combat, mais quel combat horrible, et quelle victoire plus horrible encore! »

Il écrivait à M. de Bouillé, le 3 juillet 1791, après

sa tentative de fuite et son arrestation à **Varennes**.

« Oui, je sais que le succès dépendait de moi, mais il faudrait une âme atroce pour verser le sang de ses sujets, pour amener la guerre civile en France. »

Il écrivait, le 1ᵉʳ juillet 1792, au comte de Provence :

« Vous êtes déjà instruit, mon cher frère, des outrages que j'ai endurés dans la journée du 20 juin ; outrages d'autant plus sensibles que la portion du peuple qui a violé ma demeure était guidée par des hommes que j'avais autrefois comblés de mes bienfaits. -- ... On m'a proposé divers plans pour ma défense, mais cela ne pourrait se faire sans effusion de sang, — j'aime mille fois mieux être la victime des méchants que de souiller ma vie par la mort d'un seul Français... »

Encore deux citations pour montrer les idées du malheureux prince.

A un M. de N..., il écrit le 23 décembre 1791 :

« Ce qu'il me faudrait, ce seraient des hommes prudents, assez généreux pour se sacrifier au besoin, attachés par devoir et par honneur au nouvel ordre de choses et m'aimant assez pour daigner s'intéresser encore à moi. Je n'opposerai à mes ennemis que de vrais amis de la Constitution. »

Et le 21 mai 1792, au ministre Roland :

« Je sais que je peux succomber, que les méchants sont capables de tout, que le peuple égaré croit à leur patriotisme. Mais, Monsieur, j'ose prédire que le triomphe de ces gens-là ne sera pas de longue durée ; quand j'aurai succombé, ils voudront partager nos dépouilles. Ce partage amènera de funestes divisions... »

Lisons donc ensemble les recommandations que Louis XVI faisait au précepteur de son fils :

Paris, le 11 mars 1791.

« Vous avez à former le cœur, l'esprit et le corps d'un enfant...

» ... Que les principes sérieux des connaissances soient gravés dans la mémoire de mon fils ; je méprise les hommes superficiels, ce sont des ignorants présomptueux, plus sujets à l'erreur que les autres hommes.

» Que l'adulation n'excuse jamais les caprices de votre élève, il n'apprendra que trop tôt qu'il sera libre un jour de les satisfaire.

» Exalter à ses yeux les vertus qui font les bons

rois, mais que vos leçons soient proportionnées à son intelligence, il ne sera peut-être que trop tenté, un jour, d'imiter ceux de ses ancêtres qui ne furent recommandables que par des exploits guerriers. La gloire militaire tourne la tête, et quelle gloire que celle qui répand des flots de sang humain et ravage l'univers !

» Apprenez-lui, avec Fénelon, que les princes pacifiques sont les seuls dont les peuples conservent un religieux souvenir, le premier devoir d'un prince est de rendre son peuple heureux : s'il sait être roi, il saura toujours bien défendre le peuple et sa couronne...

» Apprenez-lui de bonne heure à savoir pardonner l'injure, à oublier l'injustice, à récompenser les actions louables, à respecter les mœurs, à être bon, à reconnaître les services.

» Parlez-lui souvent de la gloire de ses aïeux... de Louis XII, qui ne veut pas punir les injures faites au duc d'Orléans ; du grand Henry, le père du peuple ; de Louis XIV, non lorsqu'il donne des lois à l'Europe, mais lorsqu'il est le protecteur des talents, des sciences et des beaux-arts.

» Mettez un frein à ses passions, et ne déguisez jamais les faiblesses de votre élève ; que le calme des vertus privées maîtrise les sens : il sera doux, pacifique, digne d'être aimé.

» Ce n'est pas des exploits d'Alexandre ni de Charles XII qu'il faut l'entretenir, si ce n'est pour qu'il sache que ces princes sont des météores qui ont dévasté la terre. Parlez-lui des princes qui ont protégé l'agriculture, le commerce, les arts, enfin des rois tels qu'il les faut aux peuples, et non tels que l'histoire se plaît trop souvent à les louer.

» En attendant, que votre élève apprenne l'art de régner, faites-lui voir clairement tout ce qui peut lui rappeler qu'il n'est au-dessus des autres hommes que pour les rendre heureux.

« Souvenez-vous de lui enseigner que c'est lorsqu'on peut tout, qu'il faut être très sobre de son autorité, les lois sont les colonnes du trône ; si un roi les viole, le peuple est délié de ses engagements. Les guerres civiles nous ont appris que c'est presque toujours ceux qui gouvernent qui, par leurs fautes, ont fait répandre le sang humain. Le roi juste est le bon roi. »

N'est-il pas évident que si, au lieu de guillotiner le père, et de faire périr l'enfant dans la misère et sous les mauvais traitements, on se fût contenté au moins, provisoirement, des progrès obtenus : qu'on les eût affermis, assurés ; qu'on eût pensé, que Louis XVI avait, en allant jusque-là, accompli sa tâche et une grande tâche ; qu'on lui eût laissé finir son règne et sa vie dans le respect et l'amour du peuple, en attendant qu'un jeune prince, élevé dans de pareils principes, trouvant la liberté réinstallée, calmée, en bonne santé, un peuple habitué à cette liberté qui a pour limite de la liberté de chacun la liberté des autres, maintenant, continuant, perfectionnant l'œuvre de nos pères, nous serions plus près des saines idées républicaines que nous ne le sommes aujourd'hui.

Nous aurions évité, on ne saurait trop le répéter, la Terreur, le Directoire, deux empires, deux restaurations, trois invasions, quatre révolutions, la Commune, des guerres désastreuses, des agitations perpétuelles, des changements onéreux, car c'est surtout à la politique qu'on peut appliquer ce vieil adage du petit bourgeois parisien : Trois déménagements valent un incendie.

N'eût-il pas été plus heureux pour la France, pour la liberté, pour la prospérité, pour le triomphe de celles des idées républicaines que peuvent accepter les bons ou honnêtes esprits de voir Louis XVI mort dans son lit, remplacé par Louis XVII élevé d'après ces principes, plutôt que de lui voir pour successeurs Robespierre, Marat, Lebon, Collot-d'Herbois, Hébert, qui nous ont conduits au despotisme de Bonaparte, etc. ? »

Ce sont donc, pour la seconde fois, les prétendus républicains, les soi-disant amis du peuple, qui ont alors étranglé la République.

Il nous reste à démontrer clairement qu'ils ont encore, depuis, joué deux fois le même rôle, d'où il sera non-seulement facile, mais inévitable, de tirer la conséquence logique, rigoureuse, qu'ils s'occupent infatigablement aujourd'hui d'étrangler la République pour la cinquième fois, et qu'il est plus que probable qu'ils y réussiront.

TROISIÈME RÉPUBLIQUE

Il y a lieu, je l'ai plus d'une fois dit et prouvé, de se défier de la mémoire des Français ; ils ne se souviennent de rien après six mois ; et ce qui s'est passé il y a six ans ne s'est pas passé pour eux, ne s'est pas passé du tout.

Cependant, je rappellerai plus brièvement les deux autres tentatives de République qui sont plus près de nous, et dont beaucoup d'acteurs et de spectateurs sont encore vivants.

Les deux Restaurations séparées par un très petit intervalle, et le retour des Bourbons, avaient été accueillis avec cet enthousiasme qui semble dû à tout ce qui est nouveau. Mais la Restauration, grâce surtout aux exigences des *ultras*, plus royalistes que le roi, contre lesquels Louis XVIII eut tout de suite à se défendre, ne tarda pas à réunir contre elle divers éléments bien hétérogènes qui ne pouvaient faire un parti que pour l'attaque, comme on le vit bien depuis.

Ce qu'on appelait alors les libéraux se composait de quelques vieux républicains — et d'un certain nombre de jeunes qui se disaient républicains pour avoir l'air forts — de tous les bonapartistes, de tous les « philosophes » anti-catholiques, de tous ceux qui les suivaient, en cela qu'ils répétaient les sarcasmes contre les prêtres sans songer au fond à rien changer même aux pratiques de leur religion, également pour avoir l'air forts, — de tous ceux qui avaient vu avec chagrin, avec rage, deux fois les étrangers à Paris, et attribuaient cette humiliation aux Bourbons, sans songer que c'était Napoléon Bonaparte qui était allé chercher et provoquer les rois étrangers jusque dans leurs capitales, avait donné aux rues de Paris et à ses maréchaux les noms de leurs villes prises, ruinées, incendiées, dépeuplées, avait apporté à Paris les dépouilles de leurs musées, etc.

Ajoutez les chasseurs « d'alouettes rôties ».

Ajoutez encore à cette réunion d'ennemis les royalistes mécontents qui espèrent, qui veulent vivre, être riches, sans talent et sans travail, et auxquels nos révolutions ont donné des exemples encourageants.

Ajoutez les amis de tout tapage et ceux qui ne peuvent pêcher qu'en eau trouble, les ultras, déjà désignés, qui n'étaient pas ceux qui faisaient le moins de tort à ce qu'ils appelaient « leur parti », comme tous les ultras à tous les partis.

La Restauration et les Bourbons devaient succomber dans un temps donné, au premier prétexte qu'ils offriraient ; c'est ce qui arriva en 1830, où la Révolution fut faite au nom de la liberté de la presse par des gens qui, pour le très grand nombre, ne savaient pas lire, et aux cris bizarres, incompatibles, absurdes, de :

Vive Napoléon et la liberté !

***

Louis-Philippe, qui monta alors sur le trône, avait toujours passé pour « libéral, » il s'était bravement battu avec les Français contre les étrangers, et la voix du vieux Lafayette, proclamant son avènement « la meilleure des Républiques », eut beaucoup d'écho en France.

Mais, la révolution faite, il fallut, parmi les « vainqueurs » plus ou moins authentiques, faire un triage indispensable : on accepta les plus honnêtes, les plus raisonnables, les plus capables ; il fallut repousser les plus fous, les plus coquins, les plus bêtes, les plus tarés, et il ne serait pas difficile de prouver que ce triage fut loin d'être sévère ni rigoureux.

Et le serpent ne tarda pas à rapprocher et à recoller ses tronçons multicoles.

Le temps a amené naturellement l'effet que voici : le nombre est aujourd'hui restreint de ceux qui ont pris part à la révolution de Juillet, y ont assisté, ou même ont vécu sous les deux premiers tiers du règne de Louis-Philippe. Les survivants de cette époque ont, pour la plupart, dépassé l'âge où l'on joue un rôle actif, âge que je place, pour le plus grand nombre, de trente à cinquante ans ; ceux qui ont aujourd'hui cinquante ans avaient dix ans en 1840, ceux qui ont aujourd'hui trente ans n'étaient pas nés, de sorte que, presque tous nos contemporains qui veulent demander à leurs souvenirs une époque de calme, de prospérité au moins matérielle, font déjà un effort de mémoire, acte sérieux pour des Français, en se rappelant le second empire. Ils seraient assez portés à le regretter, même en faisant bon marché d'un certain degré de liberté, — et là est le prétexte du bonapartisme, — s'ils ne faisaient forcément succéder au souvenir de cette prospérité celui des désastres inouïs qui en ont été la suite.

Mais si vous comparez cette époque à la précédente, le second empire à la royauté de Juillet, vous trouvez que cette royauté nous a donné une prospérité matérielle au moins égale, une splendeur dans les sciences, les arts, les lettres qui manque presque entièrement au second empire, une liberté à laquelle on ne pourrait reprocher que d'avoir été, sous certains rapports, excessive, en cela qu'elle a aidé à sa propre destruction, en permettant de crier une seconde fois, et aussi bêtement que la première : « Vive Napoléon et la liberté, » ce qu'on perfectionna alors en y ajoutant une autre bêtise : « L'Empire c'est la paix. »

Faites un difficile mais bien utile effort pour vous rappeler cette période de dix-huit années. Qui oserait dire, sauf les coquins et les fous, qu'il a alors manqué de liberté ?

Rara temporum felicitate ubi sentire quæ velis, et quæ sentias dicere licet. (Tacite, *Hist.*, l. I, ch. I.)

Quant à la prospérité matérielle, elle était telle, que l'empire a vécu avec éclat, en dépensant d'abord, en gaspillant ensuite les ressources amassées par la royauté de 1830. Pendant cette longue paix si féconde, combien de découvertes et de progrès dans les sciences et dans l'industrie ! combien de chefs-d'œuvre dans la littérature et dans les arts !

Suffisamment de gloire militaire en Afrique et devant Anvers ; des généraux devenus illustres, une armée brave, exercée, disciplinée, estimée, respectée du monde entier ; les relations les plus cordiales avec les gouvernements étrangers.

Une famille, exemple de toutes les vertus privées, nombreuse, unie, très justement populaire.

Les filles et les brus, modestes, sages, presque invisibles, presque inconnues, quoique une des filles, morte bien jeune, fût déjà une grande artiste, tout en restant aussi modeste que les autres ; toutes travaillant à des ouvrages féminins autour de leur sainte mère, Marie-Amélie.

Les fils, élevés avec nous, publiquement, dans nos collèges, ayant tous partagé, et toujours au premier rang, les dangers et la gloire des guerres d'Afrique ; mêlés au mouvement, aux impressions de la jeunesse de leur temps, comme ils l'avaient été à ses études, ce qui permettait, à coup sûr, d'attendre du successeur de Louis-Philippe les progrès sur lesquels les gens de bon sens et de bonne foi seraient arrivés à tomber d'accord : l'abaissement progressif du cens électoral, peut-être l'adjonction des capacités, etc., etc.

On possédait alors, à bien peu près, tout ce que les plus sincères, les plus fermes républicains ont jamais demandé à la République. Ce qui, selon quelques-uns, pouvait y manquer, on pouvait, on devait avec calme et sécurité l'attendre du temps, à des époques probablement rapprochées. A la prospérité de 1830 et des dix-huit années suivantes, tout permettait d'ajouter l'espoir le plus fondé de la continuation de cette prospérité.

Ce fut une belle, une heureuse époque ; on trouverait difficilement dans notre histoire une période de dix-huit années aussi paisibles, aussi heureuses, aussi brillantes, aussi fécondes, — et personne, pour peu qu'il soit doué de probité, de mémoire et de bon sens, ne songerait à s'inscrire en faux contre un jeu, un badinage d'esprit, un anagramme qu'on fit alors :

D'ORLÉANS — LES ANS D'OR

*
* *

Mais les prétendus « amis du peuple, » les soi-disant « républicains, » réunirent leurs cohortes panachées et revinrent à l'assaut pour une guerre qui devait aboutir au despotisme du second empire, aux guerres inutiles, folles, ruineuses ; à l'invasion humiliante de la France, à la Commune, aux incertitudes, au tohu-bohu d'aujourd'hui.

Au milieu de ces hordes bizarrement hétérogènes, il faut distinguer les hommes qui, se sentant un talent, une valeur quelconque, n'auraient eu besoin que d'un petit mouvement pour monter à la surface ; mais, pour ce petit mouvement qu'ils ne pouvaient produire eux-mêmes, il leur fallait enrôler, au moyen de promesses absurdes, ceux qui ne peuvent, eux, arriver à cette surface qu'au milieu des tempêtes et des bouleversements qui agitent le fond et changent momentanément la fange en écume.

Personne peut-être de ce temps-ci n'a été aussi

funeste à la France que ce petit M. Thiers auquel on élève aujourd'hui tant de statues. C'est à lui surtout que, dès 1832, j'avais pu appliquer, du consentement de tous les gens de bon sens, cette appréciation : Un homme qui met le feu à la maison pour faire cuire son œuf à la coque.

Alors encore, et un peu plus tard, je comparais son rôle à celui d'un homme qui, la nuit, briserait avec des pierres toutes les vitres de son quartier et qui, le matin, dès l'aube, une petite hotte sur le dos, parcourrait ce même quartier en criant : « V'la l'vitrrrrier ! »

Prêt à casser de nouveau les vitres remises par lui-même, pour se procurer de nouveau de l'ouvrage.

A chaque fois qu'il remontait au pouvoir, il remuait plus profondément la vase, il élargissait la brèche, qu'une fois entré il avait à peine le temps et la force de réparer imparfaitement.

On était partout si convaincu qu'il ne respecterait rien et n'aurait rien de sacré pour se hisser de nouveau au pouvoir, que tous les prétendants, quels que fussent leur origine et leur but, croyaient pouvoir compter sur lui en cas de succès. Il figurait sur la liste du projet de ministère de Louis Bonaparte, lors de ses échauffourées de Strasbourg et de Boulogne ; il fit partie, en 1852, d'une réunion avec Morny et Changarnier, pour préparer le coup d'État qui devait faire un empereur. Il a fini par être président d'une république arrivée, à la fois par lui et malgré lui, après avoir fait massacrer, dans ses divers ministères, plusieurs milliers de républicains, dont quelques-uns — il y en avait alors — étaient de vrais républicains.

Si bien que, en 1848, lors d'une révolution qui étonna surtout les « républicains », Louis-Philippe, refusant de se maintenir par la guerre civile et en répandant le sang français, monta dans un fiacre et s'en alla.

Ses fils, qui comptaient autant de camarades dans l'armée que d'amis dans le reste de la nation, obéirent sans hésiter à la volonté de leur père, dont au reste ils partageaient les sentiments, et n'essayèrent de rentrer en France que pour combattre les Prussiens. Il faut se rappeler qu'ils en furent empêchés par les avocats qui alors, de loin et à l'abri des coups, commandaient nos armées, et qu'un seul, sous un faux nom, réussit par ruse, à prendre sa part des dangers et des misères de la patrie.

C'est ainsi que les « amis du peuple » et les « républicains » détruisirent pour la troisième fois la République, c'est-à-dire un gouvernement présentant tout ce que les républicains de bon sens et de bonne foi demandent à un gouvernement, eu égard au tempérament de la nation.

QUATRIÈME RÉPUBLIQUE

Passons à la quatrième république.

La République proclamée en 1848, on laissa pour quelques instants Lamartine prendre la tête de la révolution ; il y avait à se montrer brave, résolu, héroïque, à contenir un peuple ivre et déchaîné ; il y avait à « essuyer des plâtres » dangereux, etc., ce dont les autres ne se souciaient pas. Mais à peine quinze jours s'étaient écoulés, que j'écrivais, que je criais à Lamartine : « Il est déjà temps de défendre la République contre M. Ledru-Rollin et ses amis. »

Naturellement, dans ce pays où « on ne sait ni admirer ni mépriser », où il n'y a qu'engouement et dénigrement, où on n'élève des statues que pour avoir un prétexte d'en démolir d'autres et de se procurer des matériaux, à Lamartine succéda bientôt le brave et honnête Cavaignac ; il dut commencer par défendre la République contre les fous, les coquins, les brigands, et donna, lui, républicain de naissance, de race, de religion, des gages terribles à l'ordre et au respect de la loi.

Certes, si la République eut jamais des chances d'être installée en France, et même sous son véritable nom, c'est à cette époque. Cavaignac avait groupé autour de lui un certain nombre de républicains de conviction : Charras, Tourret, Marie, Senard, etc.

Mais ce n'était pas du tout cela que voulaient les « amis du peuple » et les soi-disant républicains ; quand vint le vote pour la présidence, on vota pour Ledru-Rollin, pour Blanqui, pour Raspail et autres fantoches impossibles et n'ayant aucune chance ; on trouva, dans les boites appelées urnes, un certain nombre de votes pour Abd-el-Kader ; on vota surtout pour « le neveu de l'empereur », et ce furent principalement les républicains qui poussèrent à ce vote, en haine de Cavaignac et pensant à tort que l'aventurier de Strasbourg et de Boulogne serait plus facile que le soldat d'Afrique à jeter par la fenêtre. On trouva le peuple très disposé à ce vote ; beaucoup des écrivains populaires d'alors, plus soucieux de plaire au public et de le flatter que de l'éclairer, avaient depuis vingt ans et plus travaillé à qui mieux mieux à l'apothéose, à la légende et à la mythologie du premier Napoléon : Monsieur Thiers, Victor Hugo, Béranger, etc., etc.

L'Assemblée des représentants, dont la majorité se trouvait pour le moment avoir le sens commun, prévit le danger et proposa de nommer Cavaignac président pour cinq ans, sans avoir, pour cette fois, recours au suffrage dit universel. M. Dufaure détourna d'accepter l'offre de l'Assemblée Cavaignac, que ses principes faisaient déjà au moins hésiter. Le « prince » fut nommé à une immense majorité, ce qui donna au peuple français, en révolution aux yeux du monde, non plus l'air d'un « esclave qui brise ses fers », mais d'un « domestique capricieux qui aime à changer de maître.»

Cavaignac descendit noblement du pouvoir, ce qui était une preuve de plus qu'on aurait dû lui imposer l'obligation d'y rester, et avec lui, sans avoir tiré de leur position le plus minime avantage, Charras et Foissy, restés comme devant lieutenant-colonel et colonel. Marie et Senard retournèrent à leurs dossiers ; Tourret, à son jardin en province.

Et ainsi fut étranglée la quatrième République, par les prétendus amis du peuple et les soi-disant républicains.

*
* *

Nous voici à la cinquième République, et je puis répéter aujourd'hui ce que j'ai dit, il y a déjà longtemps : « Plus ça change, plus c'est la même chose. »

Les « amis du peuple » et « républicains » juchés au pouvoir par la sottise publique, après avoir, pendant quelques jours, laissé succéder comme de coutume, à la prétendue tyrannie d'un seul la réelle et aveugle tyrannie de tous, en sont déjà à s'évertuer pour nier ou éluder les promesses folles qu'ils ont faites. Le peuple s'aperçoit qu'il est joué et gobé, comme les autres fois, et alors, au lieu de devenir plus sage, il commence par adresser aux nouveaux maîtres qu'il s'est donné, les mêmes injures et les mêmes menaces qu'il adressait à ceux qu'ils ont remplacés : « repus, satisfaits, traîtres, » etc.

Ceux qui sont au pouvoir aujourd'hui, ceux qui convoitent ce pouvoir et y seront peut-être demain, sont les mêmes hommes ; pour les uns comme pour les autres, « la République n'est pas un but, mais une échelle », les uns comme les autres ont attaqué et attaquent les privilèges et les abus, non pour les renverser, mais pour les conquérir. »

Les prétendus amis du peuple aujourd'hui au pouvoir ont, en ce moment, à se défendre contre précisément les mêmes ennemis qu'avait à combattre le gouvernement de Juillet : le vieux Madier, le petit Louis Blanc, « l'austère » Blanqui, lequel ne s'est jamais clairement lavé de la terrible accusation que Barbès, qui était fou, mais qui était républicain, avait portée contre lui, d'avoir vendu ses complices, etc.,

Qu'avons-nous gagné à tant de révolutions, de désordres, d'humiliations, de misères ?

Au lieu d'être « le gouvernement des meilleurs choisis par tous, » la République est le triomphe d'une coterie : « tous démolisseurs, pas un architecte, pas un maçon. »

Le peuple avait eu jusqu'à présent quelques accès d'ivresse intermittente, — ça se passait après un certain temps d'agitation et un peu de mal aux cheveux, — mais aujourd'hui les accès se rapprochent et s'aggravent, et les véritables amis de ce peuple craignent de le voir devenir fou, ce qui serait incurable et mortel.

En un mot, aujourd'hui, je vous le dis en vérité, le seul républicain que je connaisse actuellement en France, et que j'ai l'honneur d'être, meurt de peur de voir les prétendus amis du peuple et les soi-disant républicains, étrangler la République pour la cinquième fois.

PETITS PAPIERS

M. Gladstone, le ministre anglais, vient d'ajouter un joli morceau à la collection des amorces, appâts et leurres, dont ce qu'on appelle les « hommes politiques » tiennent boutique à l'usage des peuples.

En réponse à un brave homme, M. Richard, représentant qui croit à la possibilité de la paix universelle et perpétuelle, comme y croyaient Henri IV, Sully, la reine Élisabeth d'Angleterre, l'abbé de Saint-Pierre, etc., M. Gladstone a dit en plein Parlement : « Il est des guerres qu'on devrait supprimer, mais il en est qu'il faut maintenir, en établissant une distinction entre les guerres injustes et les guerres « libératrices. »

M. Richard a été étourdi de l'aplomb de son ministre et n'a pas songé à lui demander si ce seraient ceux qui font la guerre ou ceux qui la subissent qui décideraient si elle est injuste ou si elle est libératrice, s'il ne pourrait pas arriver que la même guerre fût déclarée libératrice par les agresseurs et injuste par les envahis ; s'il serait bien difficile de trouver, dans l'histoire d'Angleterre, certaines guerres où si les agresseurs, se disant libérateurs, ont délivré les envahis de quelque chose, ce n'est que de leur argent.

* *

Il n'est personne qui n'ait lu dans quelques livres, que les gondoliers vénitiens échangent en se rencontrant, sur des mélodies qu'ils improvisent, des stances du Tasse.

Je suis allé assez souvent à Venise et jamais je n'ai entendu les gondoliers se dire les uns aux autres que trois phrases prononcées d'une voix sourde qui s'entend cependant clairement dans cette ville silencieuse, aux détours et encoignures des canaux, pour avertir des camarades qui peuvent se trouver de l'autre côté, de prendre à droite, à gauche ou tout droit afin d'éviter une rencontre, un abordage, un choc. *Sia premi, Sia stali* ou *Sia dilungo.*

Quelques-uns, s'érigeant en « cicerone, » vous nomment en passant dans le Grand Canal, les propriétaires des palais qui le bordent de chaque côté. Ajoutez quelques injures échangées ; mais point de chants, point de stances du Tasse.

Ce qu'on n'a pu exagérer c'est le charme des promenades en gondole, ces élégantes embarcations qui glissent comme des ombres sur les canaux et les lagunes, et se rencontrent, se croisent, sans jamais s'aborder ni se toucher, quoiqu'il ne soit pas prudent, souvent, de mettre un doigt entre eux.

Quand on n'est pas pressé d'arriver quelque part, quand on ne va pas au Lido, par une mer un peu agitée, et quand surtout on ne tient pas à avoir l'air riche, il faut se garder de prendre deux gondoliers ; celui de devant se croit souvent obligé, comme je vous le disais tout à l'heure, de vous nommer les propriétaires des palais.

Tandis que, n'ayant qu'un gondolier, il se tient à l'arrière de la cabane ; vous ne le voyez jamais, et la gondole a l'air de marcher, de glisser d'elle-même comme ces vaisseaux-fantômes ou ces canots que, dans les vieux romans de chevalerie, les enchanteurs, les magiciennes et les fées mettaient à la disposition des héros.

Ce silence vaut bien, selon moi, les vers du Tasse, qui ne seraient pas toujours chantés sur des mélopées également heureuses et d'une voix juste ni agréable, et seraient toujours prononcées à la vénitienne, c'est-à-dire dans un dialecte peu intelligible, même pour ceux qui savent très bien l'italien.

Mais ce qu'on pourrait réclamer, avec raison, de M. le préfet ou gouverneur de Venise, ce que les aubergistes et hôteliers si intéressés à voir Venise demeurer une ville étrangement charmante, devraient lui demander, à genoux et les mains jointes, ce serait d'obliger les gondoliers à adopter un costume convenable.

On pourrait prendre pour modèle le costume simple, peu dispendieux et suffisamment pittoresque, que portent seuls les gondoliers au service de certains particuliers et de certaines auberges :

Pantalon et veste blancs ou gris, ceinture bleue, rouge ou verte, chapeau de marin en cuir ou en paille, avec ruban de la couleur de la ceinture.

Ça n'a rien de ruineux, et remplacerait bien agréablement pour les yeux et pour l'imagination les haillons variés qui les offensent.

*
* *

Ces jours derniers, on fit courir dans les hôtels une liste de souscription pour un concert qui devait avoir lieu, le dimanche, à neuf heures du soir, sous le pont du Rialto. Cette voûte est admirablement sonore et la proposition était séduisante. La liste fut assez favorablement accueillie et au dimanche indiqué, dès huit heures, d'innombrables gondoles sillonnaient le grand canal, et se dirigeaient vers le Rialto, où elles s'arrêtèrent serrées comme des sardines dans une boîte, sans cependant jamais se heurter ; puis on attendit, mais on attendit en vain ; il n'y avait pas de concert. C'était au moins une mystification. A Paris, à Londres, on eût fait du bruit, on eût essayé de casser quelque chose ; on ne cria pas, on ne cassa rien, on fit mieux, du bateau des *pittori*, appartenant autrefois à des élèves peintres, et aujourd'hui à une société d'ouvriers, sortirent des chœurs très agréablement chantés et très applaudis pendant une heure ; c'était une belle occasion pour les gondoliers de la légende de chanter les stances du Tasse, ils n'en profitèrent pas ; mais, de temps en temps, pendant que les pittori se reposaient un peu, une voix s'élevait dans la nuit, d'une des gondoles, une voix agréable. Cet exemple fut imité, et les spectateurs se donnèrent eux-mêmes à eux-mêmes et très agréablement le concert dont on les avait leurrés.

En voyant le Gouvernement prendre l'initiative de la demande d'amnistie, je me suis rappelé Henri III se déclarant chef de la Ligue...... Les plus attrapés, les plus vexés pour le moment d'obtenir l'amnistie, ce sont ceux qui la demandaient.

Il faut constater et signaler les progrès. Depuis que je suis au monde, j'en ai vu beaucoup s'établir dans les auberges, hôtels et restaurants. Le « un couvert » n'est ajouté à la carte des restaurants que depuis quelques années. Jusque-là, le *couvert* était compris et payé dans le prix des mets et des vins.

Quand j'ai vu sur les notes d'hôtel apparaître l'article « service », je me suis dit : A la bonne heure ! nous n'allons plus voir, en quittant l'hôtel, cette double haie d'hommes et de femmes entre les regards avides desquels il faut passer, comme un soldat condamné aux verges. Je me trompais. Vous payez le « service », mais il vous reste à payer les « serviteurs » que, pour la plupart, vous n'avez vus qu'à ce moment suprême. Quelques hôteliers même, se piquant de franchise, mettent en note, à l'article service : « Dans le service ne sont pas compris le portier et les *facchini.* »

Un article ancien, mais non abusif, c'est celui de l'éclairage. Quand vous ne passez qu'une nuit dans un hôtel, vous arrivez fatigué, les bougies (les affreuses chandelles des auberges s'appellent bougies) à peine allumées sont éteintes, mais sont en général comptées à un franc la pièce, sous le titre de « illuminazione. » Évidemment, ce n'est pas le prix d'une chose consommée par le voyageur, c'est simplement un impôt; de là, un autre inconvénient. Pour donner un air de décence à cet impôt, les aubergistes se procurent, font faire exprès, je crois, des chandelles démesurément longues et minces, des espèces de cierges avec lesquels, si vous voulez lire quelques pages dans votre lit, d'abord vous n'obtenez de deux ou trois bougies « qu'une maigre et insuffisante lumière, mais ensuite placées si haut qu'elles n'éclairent pas du tout.

Mais le progrès dont je veux parler est tout récent, je l'ai constaté pour la première fois à Vicence, à l'albergo di Roma. Au moment de vous coucher, vous vous apercevez qu'il n'y a pas d'allumettes dans la chambre, vous sonnez. Le garçon, cette fois, arrive très vite. Ce coup de sonnette était attendu et espéré.

— Que veut Monsieur?

— Des allumettes.

— Ah! Monsieur veut des allumettes?

— Oui.

— Parfaitement.

Et il vous apporte une boîte d'allumettes.

Le lendemain, vous voyez sur la note, si vous en lisez les détails : allumettes, 40 centimes. Le plus grand inconvénient de cette innovation est que si vous vous couchez sans avoir remarqué cette absence préméditée d'allumettes, il vous sera impossible d'allumer la nuit ou le matin de bonne heure ces fameuses bougies payées à part, et vous êtes condamné à l'obscurité complète.

***

Une des difficultés du temps où nous vivons est que, de révolutions en révolutions, les hommes au pouvoir, chargés de maintenir l'ordre, sont nécessairement des hommes qui, à une autre époque, ont fait de leur mieux pour le troubler. La politique se passe et s'agite entre émeutiers de diverses dates et de diverses promotions. Il est difficile qu'un coquin de neveu écoute avec profit les sermons d'un oncle, ancien mauvais sujet, dont les fredaines sont restées légendaires dans la famille.

Dans une petite pièce que j'ai commise autrefois et qui a été jouée au Théâtre-Francais, un neveu auquel un oncle fait de la morale lui rappelle sa petite vie et s'écrie :

« Mon oncle, vous deviez faire un rude neveu ! »

Napoléon III, le héros de Strasbourg et de Boulogne, le « vainqueur » du 2 décembre, devenu empereur, entrant dans je ne sais plus quelle ville et répondant à un discours des « autorités, » dit: « Je comprends *maintenant* que c'est un grand crime d'attaquer un pouvoir établi. »

Les révolutionnaires d'hier à ceux qui tentent une révolution aujourd'hui, disent comme les photographes : « Ne bougeons plus ! » mais le disent le plus souvent en vain. Ils comprennent « maintenant » qu'il faudrait qu'on se tînt tranquille. Leurs complices d'hier, leurs ennemis d'aujourd'hui le comprendront aussi, mais seulement quand ils auront pris leur place, quand ils seront les gens de *maintenant*.

*
**

Il faut pourtant que ces feuillets soient de quelque utilité à ceux qui les liront; je vais leur donner un conseil :

C'est une grande faute de vouloir voyager avec ses habitudes, comme font la plupart des Anglais; on ne se mêle à rien, on ne voit rien, c'est comme si on voyageait dans une voiture hermétiquement fermée, comme si on se baignait à sec dans un scaphandre.

Pour jouir et profiter d'un voyage, il faut réduire sa personnalité à la plus simple expression, ne garder du « soi » que le strict nécessaire.

Par exemple, pour la nourriture, ne pas désirer, demander, exiger son dîner chez soi, mais s'informer de deux ou trois bonnes choses que les gens du pays où vous arrivez produisent, accommodent et aiment particulièrement, et ne manger que ces deux ou trois choses.

Par exemple, à Venise, les habitants du pays peuvent manger d'excellents poissons, il n'en est pas de même des voyageurs.

Et je vais vous dire pourquoi : j'ai parmi les miens une assez mauvaise réputation comme gourmet, on prétend que je n'ai pas de demi-tons dans le palais, dans les organes du goût, et que les nuances m'échappent tout à fait.

Mais cette critique est réduite au silence quand il s'agit de poissons.

Mon enfance et ma toute première jeunesse se sont passées sur les rives de la Seine et de la Marne, ou plutôt sur la Seine et sur la Marne, ou mieux encore dans la Seine et dans la Marne.

Depuis j'ai toujours habité les plages de l'Océan et de la Méditerranée, sur l'eau et dans l'eau, et j'ai toujours été un pêcheur aussi patient qu'acharné. Je suis très-difficile en fait de poisson que je prends moi-même, et il m'arrive de ne pas manger le soir celui que j'ai pris le matin ; on peut donc, sur ce point, avoir confiance en moi.

Je reviens aux habitants de Venise.

Quand, après avoir traversé les lagunes, vous êtes au Lido sur la plage de l'Adriatique, surtout à la fin du jour, vous voyez la mer sillonnée par une multitude d'assez grandes barques qui traînent des filets en tous sens. Ces barques, assez laides de forme, livrent au vent des voiles peu gracieuses, isolées les unes des autres et généralement teintes en jaune.

Ces bateaux pêchent de très bon poisson que savent se procurer les Vénitiens, qui connaissent les pêcheurs, les bateaux qui arrivent et les marchands intermédiaires.

Mais d'autres pêcheurs pêchent dans les lagunes, dont le fond est naturellement très vaseux, et où le poisson acquiert un goût tantôt fade, tantôt nauséabond. Le poisson pêché au large, dans l'Adriatique, se vend naturellement un peu plus cher. Probablement, les aubergistes en achètent pour leur table particulière, mais se contentent pour leurs clients du poisson des lagunes.

Je ne citerai que le rouget, le surmulet, le *triglia*, si apprécié des Romains, si exquis quand il est pris entre nos rochers de porphyre rouge de Saint-Raphaël. Eh bien ! le plus souvent, c'est à Venise un poisson au-dessous du médiocre.

Mais j'ai découvert deux poissons qui sont excellents.

Le premier n'est pas un poisson, et je ne suis pas bien certain que les savants accordent ce nom au second ; mais peu importe.

Le premier est un gros crabe, dont le goût ressemble à celui de l'excellent « tourteau » de l'Océan, mais dont la forme, au lieu d'être ronde, est elliptique. Nous en prenons dans la Méditerranée, mais à Venise on l'apporte par immenses paniers ; on l'appelle en dialecte vénitien « granzevole. » Le second n'est pas moins abondant, c'est la petite sèche, appelée seppia à la Méditerranée, encornet à l'Océan, calamoïa à l'Adriatique.

※
※ ※

En venant d'Italie en Autriche, en Bavière, en Saxe, etc., on est sur le passage des Allemands de toutes nations en pleine lune de miel, de jeunes couples vont en Italie ou en reviennent, en passant par le Brenner — 4,000 pieds au-dessus de mes lecteurs — là où les enfants montent à l'assaut des wagons pour vendre le plus cher possible des bouquets de fleurs cueillies sur les sommets éternellement neigeux, l'alpen rose (rhododendrum ferrugineum), l'edelweiss, dame blanche, fleurs de coton que les botanistes appellent gnophalium, une renoncule jaune que les naturels des montagnes nomment butter-blume (fleur de beurre) et la charmante fleur du souvenir, le bleu wergiss-mein-nicht.

Ces naïfs Germains ne pensent nullement à dissimuler leur bonheur, et, dans leur bienveillance ouverte, en font part à tout le monde. Les bateaux sur les lacs, les compartiments des wagons sur les routes ferrées, se transforment pour eux en bosquets extrêmement... particuliers. Des bras pressant des tailles, des mains jointes, des doigts entrelacés, des regards bleus plongés les uns dans les autres, etc., ils voyagent isolés, entourés de leur félicité comme Énée dans le nuage où sa mère l'enferma à son entrée dans la ville de Didon, et se croyant comme lui invisibles. Ils oublient complètement qu'il y a des autres. Ces autres ne les gênent en rien ni pour rien, c'est à ces autres à être gênés et à regarder obstinément le paysage par la portière opposée à celle où les heureux époux occupent les deux coins vis-à-vis l'un de l'autre et singulièrement rapprochés.

ET MOI AUSSI

Et moi aussi il faut que je casse quelque chose.

Il est des époques peu favorables aux chalumeaux, aux pipeaux champêtres, aux musettes, « *gracili avenæ* », des époques où le bruit des tambours, l'éclat des trompettes « *clangor tubarum* » et surtout les cris de la foule font fuir les oiseaux.

Pendant longtemps, on aurait pu dire de la France, avec au moins autant de raison que les Maures le disaient de Grenade : « C'est dans la partie du ciel qui s'étend au-dessus de cet heureux pays que se trouve le paradis. »

Depuis bientôt un siècle, le peuple français s'est livré aux charlatans, aux empoisonneurs, achète et paye cher toutes les drogues qu'on lui propose, détruit sa santé et a fini par singulièrement altérer son tempérament.

Si en 1789 on eût considéré comme un progrès et une conquête aussi satisfaisante qu'inespérée une royauté constitutionnelle succédant au despotisme et acceptée par un jeune roi qui, dans la lecture de Rousseau, de Montesquieu et surtout de Fénelon, avait puisé les idées les plus libérales, — qui donnant, sur le trône de Louis XIII et de Louis XV, l'exemple de toutes les vertus domestiques, renonçait de son propre mouvement à la plus grande partie de la pompe royale et ruineuse de ses prédécesseurs, ressentait et professait un paternel et ardent amour pour son peuple ; si, après l'avoir proclamé le « restaurateur de la liberté française », on se fût contenté de consolider et d'organiser le progrès obtenu, attendant des règnes suivants les progrès qui pouvaient rester à faire ; si on eût laissé sécher et s'affermir le premier étage avant de continuer à la hâte une bâtisse sans plan, confiée à des mains inhabiles, on eût élevé un monument durable et non un château de cartes, on eût évité quatre révolutions, deux empires, trois invasions, on eût évité d'en revenir au point où nous sommes et où ceux qui sont censés nous conduire ont tout l'air de pouvoir tout recommencer : terreur, despotisme, guerres et invasions.

Aujourd'hui, comme dans toutes les révolutions que nous avons subies, nous voyons le pouvoir entre des mains exercées jusqu'à une certaine habileté à démolir, — tous sapeurs, pas un seul maçon, moins encore d'architectes.

Aussi, l'homme qui arrive au pouvoir d'abord « émarge » puis veut « faire quelque chose. » Faire quelque chose, c'est de quoi son intelligence, son éducation, ses habitudes le rendent complètement incapable ; d'ailleurs, ses jours de pouvoir sont comptés ; les règnes, les gouvernements longs ont seuls fait des choses grandes et durables. Ceux qui l'y ont juché vont le renverser pour prendre sa place. Au lieu de faire quelque chose, il va briser quelque chose.

C'est plus prompt, plus facile, et ça fait plus de bruit.

Ainsi, M. Ferry casse l'instruction publique ; M. Farre casse l'armée ; M. Cazot casse la magistrature, etc. Tous cassent la liberté et la fortune publique, et le bas parti soi-disant républicain joue avec les tessons comme les gamins avec les morceaux d'assiettes transformés en castagnettes.

Ceux qui succéderont à ceux-ci casseront les morceaux de ce que leurs prédécesseurs auront cassé.

Jusqu'à ce qu'on arrive à formuler cette loi en un seul article, que j'avais annoncée en 1848 dans les *Guêpes* et que M. Rochefort, qui, dans sa jeunesse, lisait de bons livres, s'est rappelée et a promulguée dans sa *Lanterne* quelque dix ans plus tard.

Article unique :

« Il n'y a plus rien. »

Parenthèse.

(Puisque le nom de M. Rochefort tombe sous ma plume, je veux dire l'étonnement que j'éprouve à voir que ses anciens amis et complices le tiennent opiniâtrément en exil, tandis qu'ils rappellent et laissent rentrer une quantité de scélérats condamnés pour assassinat et incendie, les uns avec leur grâce, que, nous voyons, candidats et bientôt députés ; les autres avec des sauf-conduits qui leur permettent de venir présider à la reconstitution des cadres de l'émeute en vue de la revanche de la Commune. Cette inique exemption contre le spirituel jeune homme ne peut s'expliquer que par la singulière popularité qu'ils ont entretenue, augmentée, exaspérée en le persécutant, et qui les obligerait à lui donner une part du gâteau conquis.)

Mais revenons à ce que j'ai résolu de conter. Ça n'est pas grand'chose, mais on fait ce qu'on peut.

*
* *

Depuis assez longtemps, on a couvert de maisons plus ou moins coquettes les plages autrefois les plus désertes de l'Océan : Étretat, Sainte-Adresse, Trouville, etc. Depuis quelques années, il en est de même des plages de la Méditerranée : Nice, Cannes, Menton, Saint-Raphaël, etc. La mode viendrait-elle d'abandonner les capitales, où on ne garderait qu'un pied-à-terre, pour passer les hivers à Nice, à Cannes à Saint-Raphaël, et les étés à Étretat, Sainte-Adresse, Trouville, ou bien en Suisse ou dans le Tyrol?

Cette idée n'est pas précisément nouvelle, mais n'était mise à exécution que par un petit nombre de privilégiés du loisir et de la fortune ; seulement ceux-ci même se casaient dans des hôtels ou des logements loués pour la saison, tandis qu'aujourd'hui non-seulement ces privilégiés, mais encore un grand nombre qu'on ne soupçonnera pas d'avoir assez de loisir et d'argent, achètent des terrains pour bâtir des maisons, planter des jardins, etc.

L'habitant des villes, l'homme devenu vieux, est-il arrivé à ce point de maturité où il reconnaît enfin la sagesse et le bonheur de la vie aux champs? Comme Cicéron le proclame dans son *Traité de la vieillesse,* en citant les plus illustres Romains qui, en même temps que sénateurs, consuls, dictateurs, se faisaient gloire de cultiver eux-mêmes les champs. Marcus Curius, triomphateur des Samnites, avait quitté les champs et y revint. Quinctius Cincinnatus menait la charrue quand on vint lui dire que le peuple romain le nommait dictateur. *Quinctio Cincinnato aranti nuntiatum est eum dictatorem esse factum.*

Cela valait mieux que d'aller prendre, comme aujourd'hui, nos hommes politiques dans les cafés et les brasseries.

Mais peut-être aussi n'est-ce qu'une mode et un

luxe. Toujours est-il que des champs où j'ai vu paître les vaches et les moutons, sont aujourd'hui couverts d'habitations de luxe et que, chaque jour, on en élève de nouvelles. Ce que je veux attaquer, c'est le nom commun qu'on donne à ces diverses maisons. Vous voyez inscrits à l'entrée : Villa des Palmiers, villa des Orangers, villa des Bruyères, villa des Cistes, villa Jean, villa Paul, villa Pierre, etc., eh bien, ce nom de villa, universellement adopté, ne convient nullement à ces constructions, comme je vais en demander la preuve et au savant Varron et à ce gredin de Martial.

La lecture est un voyage de l'esprit, une agréable absence de la vie et de soi-même. Le moment est favorable pour s'absenter, vivre avec les grands morts et relire les anciens.

*
* *

Varron commence par dire comme Cicéron :

Nos grands ayeux — *viri magni nostri* — avaient bien raison de mettre la vie des champs au-dessus de celle des villes. Aussi avaient-ils partagé leur vie de manière à ne laisser prendre aux affaires de Rome que deux jours sur neuf, les sept autres aux champs ; de là les progrès de leur agriculture, de là la vigueur de leur corps, de leur âme et de leur esprit.

Plus loin, dans un dialogue entre plusieurs personnages consulaires, il fait dire par le consul Axius à l'augure Appius Claudius : Pourquoi appelez-vous *villa* votre habitation de Réate ? L'idée de *villa* implique l'idée de grandes et belles cultures, ce nom ne peut convenir à votre maison, si richement ornée et meublée, qui n'a pas trois pas de terre, où on n'y voit ni un bœuf ni un cheval. Rappelez-vous la villa de votre aïeul et de votre bisaïeul, à la bonne heure ? Mais chez vous on ne reçoit ni foin ni grains dans les greniers, ni vendange dans les celliers. Pour être située hors de Rome, une maison n'est pas plus une villa que toutes celles qu'on a élevées au delà de la porte Flamentane, ou dans le faubourg Emilien.

Bassus, dit Martial, n'ose pas me parler de ce que tu appelles ta villa.

Notre ami Faustinus, lui, a une villa à Baïes, ce n'est pas un grand espace perdu où s'alignent des myrtes inutiles, des platanes stériles et des buis soigneusement taillés ; c'est une vraie campagne avec les vraies joies d'un vrai printemps;

Les greniers menacent de crouler sous le poids des moissons, des amphores exhalent des vins de tous les âges...

Dans une vallée profonde mugissent des taureaux sauvages, le jeune veau essaye contre les arbres sa tête encore sans cornes ; la basse-cour regorge d'oies, de canards, de poules, de paons et de chapons forcés de ne plus aimer, *coactus non amare capones.*

. . . .

Mais toi, Bassus, tu as dans le faubourg une maison, temple de la faim. D'une tour élevée, ta vue plane sur des lauriers stériles ; tu nourris ton vigneron de farine achetée à la ville ; aussi tu apportes à ta prétendue campagne, à ta villa en peinture, l'huile, les œufs, les poulets, les fruits, le fromage et le vin ; ce n'est pas une maison des champs, ce n'est pas une villa, c'est une maison éloignée. — *Domus longè.*

⁂

Parlons d'autre chose.

C'est une situation bien étrange que celle où se trouve la France. Tout le monde sait et dit que « ça ne peut pas durer », qu'il est « impossible que cela dure. » Sauf un petit nombre de satisfaits et de repus qui, encore, s'inquiètent de se voir sans trêve menacés, harcelés, sans certitude du lendemain, personne ne désire « que ça reste comme ça est. »

Et c'est peut-être une des causes, peut-être même la cause principale, qui en a fait la durée jusqu'ici et l'assure encore pour plus ou moins longtemps.

J'ai raconté déjà peut-être, mais je veux au besoin rappeler en trois lignes l'histoire d'un malade qui va trouver le docteur R***.

— Docteur, voyez mon nez.
— Il est en mauvais état.
— Monsieur, tous vos confrères prétendent qu'il faut absolument le couper.
— Ils ont tort.
— Ah ! cher docteur, j'en étais sûr ; ce sont des ignorants.
— Le mot est fort.
— Alors, il ne faut pas couper ?
— Non, ça tombera tout seul.

Il est arrivé à tout le monde souffrant d'une rage de dents, de se décider à avoir recours au dentiste, mais il est arrivé également à tout le monde de sentir la douleur diminuer dans l'escalier de l'opérateur et disparaître au moment où on saisit le cordon de la sonnette ; alors on se donne de garde de le tirer et on s'en retourne chez soi.

Cette certitude que ça ne doit pas, que ça ne peut pas durer, que ça tombera tout seul, préserve la coterie triomphante du désespoir des opprimés et empêche les grands et suprêmes efforts. Si nos maîtres étaient des hommes habiles, ce qu'ils ne sont pas, on pourrait supposer que c'est à dessein qu'ils prennent et affectent les airs gênés, mal assis et titubants que nous leur voyons.

D'EN HAUT

J'étais encore, il y a quelques jours, à Macolin, au-dessus du lac et de la ville de Bienne, sur le penchant méridional de *Chasseral*, et à moitié chemin de son sommet, c'est-à-dire à 900 mètres au-dessus de la très grande majorité de mes lecteurs.

Il m'arrive parfois de me trouver à quelqu'une de ces « stations d'été ou d'hiver », à quelqu'un des endroits de « cures », à quelqu'une des « eaux » ou des plages de bains à la mode, pour y rejoindre ou y rencontrer des amis, — car je ne quitterais jamais Saint-Raphaël si je pouvais y réunir une demi-douzaine de personnes tristement éparpillées, — et j'admire combien la mode et certaines fantaisies de la médecine ont multiplié ces prétextes d'être hors de chez soi. Ce sont, je crois, les Russes qui ont imaginé les « cures » de lait, les cures de petit-lait, les cures de raisin, etc. ; ils ont déjà chez eux, dans l'Ukraine, si je ne me trompe, des « cures » de lait de jument. Les Alpes, les Pyrénées, la Suisse, le Tyrol, etc., se partagent les « cures d'air », avec des nuances aussi nombreuses que bizarres. C'est d'un ton sérieux, d'un air solennel, que les médecins prescrivent telle ou telle « altitude » : Vous n'irez pas cette année à *Engelberg*, au pied du *Titlis*, 1,032 mètres au-dessus du niveau de la mer ; contentez-vous de *Macolin*, 900 mètres d'altitude.

— Vous, vous irez au Righi, mais pas au *Righi Kulm*, — ne confondons pas, 1,828 mètres d'altitude ! — que j'ai ordonné à votre mari ; vous, vous resterez en route, à Kalt-Bad, 1,480 mètres, c'est assez pour vous, c'est votre lot et votre mesure ; j'y envoie le petit duc ***, etc.

Sans nier l'indiscutable influence de l'air des montagnes, je me permets de soupçonner un peu de fantaisie et d'exploitation de la mode de la part des médecins, si méticuleux à dix mètres près. Je repousse toute idée de leur supposer la moindre complicité intéressée avec les aubergistes.

⁂

Un sujet d'étonnement, c'est la multiplicité incroyable de ces souricières tendues aux voyageurs, aux touristes, aux oisifs, aux esclaves de la mode, c'est surtout le nombre, suffisant pour les remplir et les alimenter, de gens ayant assez de loisir et assez d'argent.

Sous peu de temps, Paris, le grand caravansérail du monde entier, deviendra aussi une auberge, une « station » pour les Parisiens, ils n'y auront plus qu'un pied-à-terre, ou y descendront à l'hôtel. On ne demeurera plus à Paris.

Voyez nos ministres, nos présidents eux-mêmes, ils ne font à Paris que des apparitions ; le président Grévy est à son château de je ne sais où, le président Gambetta à Ville-d'Avray ou en Suisse.

Les ministres Cazot, Magnin sont de côté et d'autres. M. le ministre Constans est à sa propriété de la Tasse où il compte passer quinze jours. M. Farre... où est M. Farre ? Il y a quelques jours, il n'était pas à Paris. M. Andrieux était aux eaux. M. Grévy frère est plus souvent à Paris qu'à Alger qu'il est censé gouverner.

Or, il serait naturel, et sans aucune malveillance, de penser que ces divers personnages, qui se sont montrés hommes d'État et administrateurs à l'improviste comme des champignons après une pluie d'automne, savent qu'ils ne savent pas les nouveaux métiers dont ils ont assumé la responsabilité, qu'ils ont tout à apprendre, et que les mieux doués d'entre eux n'arrivent à être des ministres passables que par un travail assidu et opiniâtre ; d'autre part, il faudrait au moins laisser croire au peuple qui les paye, qu'ils se donnent beaucoup de mal, qu'ils ont à peine le temps de manger, qu'ils ajoutent aux jours une partie des nuits pour corriger l'inexpérience et l'ignorance par le dévouement et l'application ; mais non, ils ne savent même pas jouer leurs rôles, ils n'essayent même plus d'attraper le public, le tour est joué, ils en prennent à leur aise ; ils s'amusent le dimanche et « font le lundi », ils vont à la campagne pêcher à la ligne, jouer au billard et aux quilles.

Travailler, s'appliquer, apprendre ! c'était bon pour les ministres de la tyrannie, les Sully, les Colbert, etc., mais eux ! ils sont si forts ! et ils gouvernent insolemment la France « par dessous la jambe. »

Cependant le retour de leurs anciens complices qu'ils ont rappelés bien à contre-cœur, un jour qu'ils avaient trop peur de ce jour-là et n'avaient pas assez peur du lendemain, leur prépare « du fil à retordre ; » tant pis pour eux, ils ont le succès aveugle et le bonheur bête. Si Dieu a promis aux hommes de ne pas les abandonner dans la tribulation, il n'a jamais promis la même grâce dans la prospérité. Qu'ils se débrouillent avec leurs complices d'hier, leurs ennemis d'aujourd'hui, qui s'occupent de les pendre avec la corde qu'ils ont filée ensemble.

※
＊ ＊

J'étais donc à *Macolin*, un bon hôtel, avec des maîtres soigneux et obligeants, une société très agréable à l'heure des repas, quelques bonnes musiciennes, une très belle voix, la maison tout à fait isolée au milieu d'une vaste forêt de sapins et de hêtres énormes ; dans les clairières, des gazons de fraisiers qui n'ont plus de fruits en cette saison, mais dont le feuillage empourpré exhale à l'automne un suave parfum, et qui font penser au lait rose dont parle J.-J. Rousseau au printemps, quand les vaches mangent les fraises couvrant au loin la terre.

Un peu plus haut, des *cyclamens* à fleurs roses ; plus haut encore, trois variétés de gentianes dont deux à fleurs bleu foncé.

. . . .

Mais savez-vous ce qu'il y a de triste, d'humiliant, et à la fois d'heureux, de consolant pour nous ? c'est que à la table d'hôte et au salon de musique, les gens bien élevés ne parlent de la France ni aux Français ni même devant les Français, — on ne nous envie plus, mais on nous aime et on nous respecte encore un peu. A l'entrée d'un Français dans la salle à manger ou au salon commun, si une conversation commencée s'arrête tout à coup, c'est que les étrangers parlaient parfois ironiquement de nos désastres et de nos misères, auxquels nos grotesques maîtres d'aujourd'hui n'ont pas même laissé le sérieux des choses tristes.

Revenons à Macolin et aux beautés du paysage. Dans ces vastes plaines où l'Aar et la Thièle coulent au milieu de trois lacs et qui s'étendent du Jura et du mont Chasseral jusqu'aux pieds du Titlis, de la Yung-Fraü et du mont Blanc, les bois de grands sapins épars semblent des taches d'herbes d'un vert plus sombre.

Nous voyons des nuages flotter au-dessous de nous et, un matin, la plaine, les lacs, l'Aar, les bois de sapin, les villes et les hameaux, tout a disparu. Il semble qu'un nouveau déluge est arrivé et que la mer a englouti et couvre tout. Une nappe de nuages blancs et gris avec de hautes vagues s'étend partout. Seulement ces vagues, ces lames énormes, restent suspendues et immobiles comme si la voix du Maître souverain ou d'un très puissant photographe avait prononcé les mots sacramentels : « Ne bougeons plus. »...

Un soir, au soleil couchant, les rayons obliques teignent d'un rose splendide et suave tous les sommets couverts d'une neige éternelle qui s'élèvent à l'horizon, les monts Titlis, Blumlisalp, la Yung-Fraü, le mont Blanc et le Schreckorn, etc.

. . . .

Au-dessus de la forêt sont de grandes prairies aux

herbes parfumées où paissent, sous la conduite parfois des enfants, de nombreux troupeaux de grandes vaches ; ici on est certain de boire du lait pur, sur cette partie de la montagne où l'eau est moins commune que le lait et où ce serait une prodigalité et un gaspillage de mêler au lait, dont on a tant, de bonne eau qu'il faut aller chercher à un quart d'heure de chemin.

Chaque vache porte au cou une cloche. Ces cloches sont de cinq grosseurs différentes et toutes parfaitement d'accord : les vachers y tiennent particulièrement, et celui que je questionnais venait d'enlever à une de ses vaches une cloche qui n'était pas tout à fait d'accord et qu'il comptait aller changer le dimanche à Bienne.

Ces cinq cloches, multipliées dix fois, vingt fois, produisent de loin un effet singulier et charmant : des vaches qui les portent, quelques-unes marchent sans s'arrêter, d'autres s'avancent en broutant, à pas lents et interrompus ; les unes sont plus près, les autres plus loin ; ce sont les petites cloches aux sons aigus, ou les moyennes aux sons pleins, ou les grosses aux sons bas et graves qui se font entendre dans des proportions diverses. Toutes sont d'un métal très pur et d'un son argentin, bien sonore et longtemps vibrant. Dans la forêt, à divers degrés de la montagne au-dessous des pâturages, l'oreille éveillée, je dirais *entr'entend*, comme on dit entrevoit quand il s'agit des yeux, une foule variée de combinaisons successives ou simultanées, de sons bien d'accord, de vagues et insaisissables mélodies, et je pensai encore à Jean-Jacques ; à coup sûr, son fameux et charmant « air de trois notes : »

> Que le jour me dure
> Passé loin de toi !

est un souvenir des cloches des vaches suisses au pâturage. Ce qui donne tout à fait la certitude à cette impression, c'est qu'il y a de lui un air de cloches et pour cloches, qu'il écrivit, dit-il, un jour qu'il avait été impatienté, irrité, du choix des airs que jouait « la Samaritaine », un carillon alors installé sur le pont Neuf, tant le souvenir de son pays et des sensations de son enfance lui était resté dans la tête et dans le cœur.

On pense encore à Jean-Jacques en voyant du haut de Macolin la petite île de Saint-Pierre sur le petit lac de Bienne. « Aucune des habitations où j'ai demeuré, dit-il, et j'en ai eu de charmantes, ne m'a rendu si véritablement heureux et ne m'a laissé de si tendres regrets que l'île de Saint-Pierre : je n'y voulais pas laisser un poil d'herbe sans l'étudier et l'analyser. »

Mais au bout de deux mois de séjour, de même que Genève avait fait brûler son livre, l'*Émile*, par la main du bourreau, le bailli lui enjoignait, de la part de « Leurs Excellences » du gouvernement de Berne, de sortir « sous vingt-quatre heures » et de l'île et de leurs États. » . . . .

⁂

Pour mon séjour à Macolin, j'avais emporté les œuvres de Rousseau, que je parcourais le soir et pendant une partie des nuits, devenues déjà trop longues au commencement d'octobre pour être tout entières employées à dormir.

Je fus frappé d'un passage, c'est, je crois, dans une lettre à M. de Malesherbes, où parlant des éditions clandestines, incorrectes, qu'on faisait de ses ouvrages, il émet la crainte qu'on outre ses maximes au delà de ses intentions et de la raison, qu'on ne se serve un jour de ses écrits pour en tirer des conséquences fausses et amener de grands maux, » etc.

Cette crainte prophétique s'est réalisée, et à peu près tous les écrivains qui ont parlé de la Révolution de 92, ont répété les uns après les autres que Robespierre se disait et était « nourri de Rousseau et resta *toujours* son disciple »[1]. Beaucoup des soi-disant républicains d'aujourd'hui lui font l'injure de le prendre pour un de leurs saints.

[1] Larousse, grand Dictionnaire.

— C'est une de ces calomnies que l'on trouve tout établies et qu'on propage sans examen :

Je viens venger Rousseau de cette injure, et par quelques citations prouver clairement que les hommes de 92-93 comme celui de 1804 et ceux d'aujourd'hui n'auraient pas trouvé d'adversaires plus inflexible que lui.

Commençons les citations :

« Voulez-vous fonder une république, ne commencez pas par la remplir de mécontents. »

« L'aristocratie convient aux États moyens, la monarchie aux grands et riches ; aux petits États pauvres seuls convient la démocratie. »

« Il n'a jamais existé de démocratie, et il n'en existera jamais. Il est contre l'ordre naturel que le grand nombre gouverne et que le petit nombre soit gouverné.

» Pour supporter ce gouvernement, il faut un État très petit où chaque citoyen puisse aisément connaître tous les autres... Une grande simplicité de mœurs... Peu ou point de luxe... S'il y avait un peuple de dieux, il se gouvernerait démocratiquement ; un gouvernement si parfait ne convient pas à des hommes.

» La seule introduction du scrutin ferait un bouleversement épouvantable et donnerait plutôt un mouvement convulsif et continuel à chaque partie, qu'une vigueur nouvelle au corps. Qu'on juge du danger d'émouvoir une fois les masses énormes qui composent la monarchie française ; qui pourra retenir l'ébranlement donné ou prévoir tous les effets qu'il peut produire? Quand tous les avantages des nouveaux plans seraient incontestables, quel homme de sens oserait entreprendre d'abolir les vieilles coutumes, de changer les vieilles maximes et de donner une autre forme à l'État que celle où l'a successivement amené une durée de treize cents ans ? »

. . . .

⁂

« Il ne faut toucher aux choses établies qu'avec une circonspection extrême ; en ce moment, on est plus frappé des abus que des avantages. Le temps viendra, je le crains, qu'on sentira mieux ces avantages ; et, malheureusement, ce sera quand on les aura perdus. »

⁂

. . . .

« Je n'aurais pas voulu habiter une république de nouvelle institution, quelques bonnes lois quelle pût avoir, de peur que le gouvernement, ne convenant pas aux nouveaux citoyens... l'État ne fût sujet à être ébranlé et détruit presque dès sa naissance ; car il en est de la liberté comme de ces aliments solides et succulents, ou de ces vins généreux, propres à nourrir et à fortifier les tempéraments robustes qui en ont l'habitude, mais qui accablent, ruinent et enivrent les faibles et les délicats qui n'y sont pas faits. Les peuples une fois accoutumés à des maîtres ne sont plus en état de s'en passer. S'ils tentent de secouer le joug, ils s'éloignent d'autant plus de la liberté qu'ils prennent pour elle une jouissance effrenée qui lui est opposée ; leurs révolutions les livrent presque toujours à des séducteurs qui ne font qu'aggraver leur chaînes. »

***

« J'aurais fait, comme nécessairement mal gouvernée, une république où le peuple, croyant pouvoir se passer de ses magistrats, ne leur laisserait qu'une autorité précaire. »

***

« J'aurais voulu naître et mourir libre, c'est-à-dire tellement soumis aux lois, que ni moi ni personne n'en pût secouer l'honorable joug, ce joug salutaire et doux que les têtes les plus fières portent d'autant plus docilement qu'elles sont faites pour n'en porter aucun autre. »

* *

« J'aurais voulu que, pour arrêter les projets intéressés et mal conçus et les innovations dangereuses qui perdirent enfin les Athéniens, chacun n'eût pas le pouvoir de proposer de nouvelles lois à sa fantaisie. »

* *

... « Distinguer un acte régulier et légitime d'un tumulte séditieux, et la volonté de tout un peuple des clameurs d'une faction. »

* *

« Toutes les sottises qu'un fourbe adroit, un parleur insinuant pourrait persuader au peuple de Paris. »

* *

... « Il n'y a pas de gouvernement si sujet aux guerres civiles et aux agitations intestines que le démocratique. »

* *

... « Un peuple peut se rendre libre tant qu'il n'est que barbare, mais il ne le peut plus quand le ressort est usé ; les troubles peuvent le détruire sans que les révolutions puissent le rétablir, et, ses fers brisés, il tombe épars et n'existe plus. La liberté n'arrive pas deux fois pour le même peuple, on peut l'acquérir, on ne la recouvre jamais. »

* * *

... « Les peuples, ainsi que les hommes, ne sont dociles que dans leur jeunesse ; ils deviennent incorrigibles en vieillissant ; quand une fois les coutumes sont établies et les préjugés enracinés, c'est une entreprise dangereuse de vouloir les réformer. »

* * *

... « Plus les délibérations sont importantes et graves, plus l'avis qui l'emporte doit approcher de l'unanimité. »

* * *

« Dans toute véritable démocratie le gouvernement n'est pas un avantage, c'est une charge onéreuse, elle doit être imposée par la loi. »

* * *

... « Si, quand le peuple, suffisamment informé, délibère, les citoyens n'avaient aucune communication entre eux, du grand nombre de petites différences résulterait la volonté générale, et la délibération serait bonne. Mais quand il se fait des brigues, des associations partielles aux dépens de la grande... on peut dire alors qu'il n'y a pas autant de votants que d'hommes, mais seulement autant que d'associations... Et l'avis qui l'emporte n'est plus qu'un avis particulier. »

* *

... « Il importe donc, pour avoir l'énoncé de la volonté générale, qu'il n'y ait pas de sociétés particulières dans l'État, et que chaque citoyen n'opère que d'après lui. »

* *

... « Il y a une loi naturelle qui exige un consentement unanime : c'est le pacte social... »

* *

« A l'égard du droit de faire grâce ou d'exempter des coupables de la peine portée par la loi et prononcée par le juge — il n'appartient qu'à celui qui serait au-dessus du juge et de la loi ; — encore son droit en ceci n'est-il pas net et les cas d'en user sont-ils très rares. »

※

... « Comment une multitude aveugle, qui souvent ne sait pas ce qu'elle veut, parce qu'elle sait rarement ce qui lui est bon, exécuterait-elle une entreprise aussi grande qu'un système de législation ? »

※

... « Il ne faut toucher au gouvernement établi que lorsqu'il devient incompatible avec le bien public. »

※

... « Je ris de ces peuples avilis qui, se laissant ameuter par des ligueurs, osent parler de liberté, sans même en avoir l'idée, et, le cœur plein de tous les vices des esclaves, s'imaginent que, pour être libres, il suffit d'être des mutins.

» Fière et sainte liberté ! si ces pauvres gens pouvaient te connaitre, s'ils savaient à quel prix on t'acquiert et te conserve ; s'ils savaient combien tes lois sont plus austères que n'est dur le joug des tyrans, leurs faibles âmes, esclaves de passions qu'il faudrait étouffer, te craindraient plus cent fois que la servitude, ils te fuiraient avec effroi comme un fardeau prêt à les craser. »

※

... « Par le droit naturel des sociétés, l'unanimité

a été requise pour la formation des corps politiques. »

⁂

« N'oubliez pas l'état de faiblesse où se trouve une nation qui réforme ou établit sa Constitution. Dans ce moment de désordre et d'effervescence, elle est hors d'état de faire aucune résistance, et le moindre choc est capable de tout renverser. Une guerre, une famine, une sédition, en ce temps de crise, l'État est infailliblement renversé. »

⁂

... « Style ampoulé, propre à remplir les oreilles du peuple; la harangue fut reçue avec ces cris, ces applaudissements faciles et outrés, qui sont l'adulations de la multitude, etc., etc., etc. »

. . . .

Il y en a pour tout et pour tous ; le suffrage dit universel, la liberté de réunion, les orateurs de taverne, les faux amis du peuple, les vrais fous et les vrais exploiteurs, les séditions et les révolutions, la république et la démocratie ; la République proclamée à une voix de majorité, et aussi les pensées belliqueuses de M⁰ Gambetta, qui s'aperçoit qu'il lui manque une certaine gloire militaire, qu'il avait une si belle occasion d'acquérir en 1870, et qui semble rêver d'aller faire cueillir pour lui par une armée française des lauriers en Orient, comme un propriétaire aisé fait faire ses foins par des paysans.

En 1793, Jean-Jacques eût été certainement guillotiné ; en 1871, il eût fait partie des « otages », et si par hasard il avait évité le sort de M. Bonjean et de l'archevêque, etc., il serait quotidiennement vilipendé comme réactionnaire et clérical.

LES
DOMINICALES D'ANTICYRE

Hier, lorsque ce titre m'est venu à l'esprit, il me plaisait assez : il me plaît moins aujourd'hui que je m'aperçois qu'il est nécessaire de l'expliquer.

Je l'explique.

Peut-être ne savez-vous pas — il n'y a pas longtemps que je le sais — qu'on appelle « dominicales » en style lithurgique, certains discours ou sermons qui se prononcent exclusivement le dimanche dans certaines circonstances. — Il existe un recueil des « dominicales » de Bourdaloue.

Quant à Anticyre, personne n'ignore que c'est le nom d'une île célèbre par la quantité et la qualité de l'ellébore qui y croissait — pendant longtemps l'ellébore a guéri de la folie — il paraît qu'il n'en guérit plus aujourd'hui, soit que la plante ait dégénéré et perdu de ses vertus, soit que la folie moderne, notre folie, soit plus intense, plus chronique et devenue incurable.

*
* *

Homère, Virgile, Ovide racontent que le berger Melampus guérit au moyen de l'ellébore les filles d'un roi d'Argos, je crois, qui lui en donna une en mariage. Sans avoir d'ambition pareille, pêcheur et jardinier, je veux essayer de rendre un peu de bon sens à mes contemporains en datant mes feuillets d'Anticyre. Non que je me croie plus habile que tant d'autres, mais parce que, ne mettant pas au jeu, je regarde de loin la partie avec plus de sang-froid, et aussi parce que tous les autres rôles sont remplis, et il ne me reste que celui-là.

*
* *

Il est une maladie tout à fait à la mode aujourd'hui et sur laquelle roule à peu près toute la médecine contemporaine, c'est « l'anémie. »

Ce nom est assez mal composé ; il semble beaucoup plutôt, aux yeux et aux oreilles, venir d'*anemos*, vent, que de αν αἷμα privation de sang.

Si pour cette indigence du sang on écrivait « anaimie, » ou « anhaimie, » on laisserait à *anemie* sa signification de « vent, » autre maladie qui n'est pas moins, facile à constater que la misère du sang: c'est l'enflure, la boursouflure, l'état de baudruche de tant de gens qui doivent leur élévation à ce vide, à ce creux, comme les ballons rouges, bleus, verts, qu'on donne aux enfants.

*
* *

Il est facile de donner la preuve de cette indigence et de cette boursouflure. Les gens qui s'agitent avec tant de force aujourd'hui ne sont pas des hommes, mais des masques, ils ne laisseront pas dans l'histoire le souvenir d'une époque, peu digne d'une révolution, mais d'un carnaval et d'une descente de la Courtille.

Les arrivés, les « en route », les opportunistes, les intransigeants, les socialistes, ceux qui sont les maîtres aujourd'hui et ceux qui le seront peut-être demain, et ceux qui le seront après-demain, ne sont pas des individualités, mais des copies, des épreuves mal venues, des doublures, ils n'ont pas eu la force d'inventer ni des crimes, ni des folies, ni des bêtises qui leur appartiennent.

Ils jouent les Robespierre, les Marat, les Danton, les Babœuf, les Camille Desmoulins, les Carrier, les Collot d'Herbois, les Hébert.

Comme les comédiens de province jouent les Martin, les Dugazon, les Gavaudan, les Elleviou, les Déjazet.

Ils se costument, se griment, se cambrent, prennent des poses, des attitudes conformes à la tradition ; ils enflent la voix, ou plutôt se font une voix, en se mettant une pratique dans la bouche, et comme tous les mauvais comédiens, ils chargent leurs rôles; tous se bousculent pour être quelque chose, pas un n'ayant le moyen d'être quelqu'un.

***

De cette situation adynamique, qui semble être le caractère particulier de la pauvre époque où nous vivons, nous aurons à reparler plus tard. Aujourd'hui, je veux seulement donner deux exemples de l'absence de bon sens, et je les prends dans la politique d'hier.

Je sais tout ce qu'on peut dire contre les exécutions qui succèdent aux commotions politiques. Je le sais pour en avoir dit une partie avant ceux qui le répètent aujourd'hui :

Il est juste, quand on est revenu au calme, de réviser certaines condamnations et même d'user de clémence ; c'était surtout un devoir d'équité quand on voyait plusieurs des chefs des insurgés qui, les ayant abandonnés en temps opportun, s'étaient glissés aux places bien rétribuées, tandis que leurs dupes étaient à Nouméa. La vraie justice eût été d'envoyer les chefs remplacer les soldats ; mais, faute de mieux, des grâces devaient être faites à ceux qui, par leur conduite, montraient qu'ils n'étaient pas tout à fait gangrenés, et pouvaient encore revenir au travail et redevenir des citoyens utiles. Il fallait rappeler individuellement ceux qui, en présentant ces garanties, témoigneraient de leur folie criminelle un repentir ou un regret qu'on jugerait sincère ; il fallait non seulement les rappeler, mais les traiter et les soigner comme des convalescents, les réunir à leurs familles, non à Paris, non dans les grands centres si dangereux, si vertigineux pour les esprits faibles, mais en Afrique, dans des centres agricoles, séparés les uns des autres, pour éviter une recrudescence de contagion, leur tenir prêt du travail et des moyens honnêtes et faciles de gagner leur vie et celle de leur famille.

*
* *

On a fait le contraire, on a accordé grâce ou amnistie à tous les condamnés, sans seulement prendre la peine de leur demander si cette grâce et cette amnistie qu'ils recevaient, ils les accorderaient à ceux qui les leur donnaient.

On les a laissés même dans les grands centres de

population, à Paris surtout. Là on les a régalés, puis abreuvés largement le jour de leur arrivée, sans s'occuper de leur assurer le travail et le pain du lendemain ; si bien que ceux qu'il était le plus juste de grâcier se sont trouvés de nouveau et fatalement livrés à leurs chefs et exploiteurs et sont venus reprendre leurs rangs dans l'armée du désordre, si bien que la Commune est aujourd'hui triomphante, menaçante, et parle hautement de revanche.

*
* *

D'autre part, on voulait ou on disait vouloir célébrer une « fête nationale » : le plus simple bon sens indiquait de choisir une date qui ne fût pas un anniversaire, ou du moins, si on tenait aux anniversaires, une date qui fût l'anniversaire d'une époque, d'une circonstance, dont tous les Français pussent se réjouir ensemble ; c'est d'une pareille date que Victor Hugo eût pu dire que c'était une fête non seulement nationale, mais universelle, non seulement universelle, mais ceci et cela, tandis qu'il n'a fait que mêler sa voix à l'expansion de la folie du moment.

Ce qu'il fallait éviter pour une fête « nationale », c'était de choisir l'anniversaire d'un acte de guerre civile, de rappeler un jour où une partie de la nation avait vaincu et opprimé une autre partie, un jour où on avait promené des têtes sur des piques.

Ce qu'il fallait éviter, c'était de distribuer les drapeaux à l'armée, en même temps qu'on célébrait l'anniversaire d'un jour néfaste où une fraction de l'armée avait abandonné son drapeau.

Ce qu'il fallait éviter, c'était de faire coïncider le retour des amnistiés avec la célébration d'une fête si absurdement, si dangereusement choisie.

Ce qu'il fallait éviter, c'est précisément tout ce qu'on a fait.

Cette insanité peut, au besoin, s'expliquer par certains intérêts, certaines alliances, certaines complicités. Mais ce qui m'inquiète, c'est que le reste du pays ne m'a pas semblé comprendre tout ce qu'il y avait d'absurde, d'insensé, de dangereux, de criminel dans ces deux actes ainsi perpétrés.

*
* *

Quand viendra le mercredi des Cendres, — car il viendra — je n'ose désirer pour la France, alors convalescente, un régime semblable à celui que Philippe de Macédoine imposa à la Grèce.

… Que Sparte obéisse et qu'Athènes se taise.

Non que je croie ce régime du silence inefficace, mais parce que les Macédoniens ont aussi leurs inconvénients.

Mais je voterais sans hésiter pour le gouvernement despotique et autocratique de M. de La Palisse, cet homme célèbre qui, *un quart d'heure avant sa mort, était encore en vie,* sous lequel on apprendrait obligatoirement un certain nombre de vérités élémentaires que personne ne semble plus savoir aujourd'hui, telles que :

Deux et deux font quatre.

La partie est moindre que le tout.

Il est malsain pour une société comme pour un homme d'avoir la tête en bas et les pieds en l'air.

Deux punaises et *deux* crottins sentent moins bon qu'*une* rose.

*
* *

Et cela nous ramenant à l'idée du suffrage universel.

Le suffrage, dit universel, serait la plus folle et la plus dangereuse des folies, — s'il n'y avait le scrutin de liste, plus fou, plus dangereux et plus insolent, qui livre les élections à une coterie. Après quoi, il y a encore quelque chose de plus fou, de plus dangereux, de plus mortel que le scrutin de liste, c'est le vote non obligatoire, qui fait du suffrage dit universel un mensonge effronté, l'expression de la volonté, des caprices, du despotisme, de l'insanité d'une infime et turbulente minorité, devenant « légalement» a maîtresse absolue et ivre de la France.

L'athéisme, aujourd'hui à la mode parmi les soi-disant républicains, ajouterait M. La Palisse, me fait l'effet d'une assemblée de cruches qui, se trouvant réciproquement très laides, commenceraient par injurier le potier et arriveraient à le nier, à dire que le potier n'existe pas, qu'il n'y a pas de potier ; qu'ils se sont faits eux-mêmes et entre eux ; ils essayeraient de s'adorer mutuellement, puis se querelleraient, se choqueraient, se cogneraient, se casseraient, se jetteraient leurs propres tessons à la tête ; après quoi, celui qui resterait le dernier, n'étant que fêlé, ébréché, égueulé, s'adorerait lui-même.

II

« Les sans-culottes relèvent leur tête, si longtemps humiliée ; ils s'enhardissent en se sentant appuyés ; patience, et ça ira d'une jolie manière. Je suis arrivé hier soir, accompagné de braves et bons bougres... »

Ces paroles sont extraites d'une lettre de Joseph Lebon à Saint-Just et à Lebas, floréal an II, et semblent adressées à « nos frères » de Nouméa par ceux qui les groupent autour d'eux.

Il est vrai que Joseph Lebon ajoute : « J'espère faire le bien ici, et y inspirer la terreur civique ; la *machine est en bon train*, MM. les parents et amis d'émigrés et de prêtres réfractaires accaparent la guillotine. »

Mais les discours prononcés dans certaines assemblées, les articles de certains journaux ne sont pas bien éloignés de cette suite, — et y glissent.

On pourrait nous reprocher de rendre nos aimables contemporains solidaires des coquins, des scélérats, des fous imbéciles et des arlequins anthropophages de 1792 et 1793, si lesdits contemporains ne professaient pas une grande et sympathique admiration pour eux, et n'imitaient pas, de leur petit mieux, leur langage et leurs actes.

Ce pauvre petit vieux Louis Blanc, qui a fait tant de mal, qui a semé à pleines petites poignées tant de graines vénéneuses, voit d'autres faire la moisson, sans lui laisser seulement une gerbe. Cependant, pour continuer son rôle, il disait il y a quelques années : qu'on ne parle plus de la terreur et de la guillotine, les mœurs sont changées, le retour d'une pareille époque est impossible... Et Louis Blanc disait cela quelques mois avant la Commune, l'assassinat des otages et l'incendie de Paris.

Je ne compte donc pas, à l'occasion, me priver de certains rapprochements, de certaines citations, qui démontreront que nos soi-disant républicains d'aujourd'hui n'inventent rien, mais sont capables de tout imiter par un entraînement fatal dont beaucoup n'ont plus la conscience.

*
* *

Je ne m'amuserai pas à compter les points, à piquer les cartes, à faire des calculs, pour constater combien les conservateurs et les soi-disant républicains ont perdu et gagné de sièges aux conseils généraux ; je ne m'aventurerai même pas, — et je me sers de ce mot avec intention, car ce pourrait être amusant, — à chercher combien se disent républicains aujourd'hui que c'est la mode et un moyen de parvenir et de faire certains bénéfices, qui hier étaient tout autre chose et seront tout autre chose demain. Comme en 1848 ç'a été un moment la mode d'être ouvrier. Victor Hugo était ouvrier en livres, les avocats étaient ouvriers en lois, et un homme se fit élire à l'Assemblée comme ouvrier, qui, à la vérification des pouvoirs, se trouva être conseiller d'État.

S'il plaît aux pseudo et aux soi-disant républicains de se réjouir, de s'enorgueillir de leur succès et de la conquête de quelques sièges, de « s'enhardir en se sentant appuyés », comme disait Joseph Lebon, je ne vois là aucune raison pour les conservateurs d'en prendre une alarme exagérée. Quand les marins trouvent un calme plat, un vent ou une marée contraire, ils disent :

« Quand on ne peut pas avancer, il faut étaler. »

C'est-à-dire viser, à force de bras, à ne pas reculer, ou à reculer le moins possible.

Il faut se rappeler que, sous l'empire, ces républicains, disposant aujourd'hui de la majorité, n'étaient que cinq à la Chambre, cinq *irréconciliables*, dont trois ne tardèrent pas à faire des niches et des agaceries à l'empire qui, un jour, jeta le mouchoir à Émile Ollivier.

Mais ce que je considère surtout, c'est que moi, républicain, pour finir ou transformer cette pseudo-République, qui est tout le contraire d'une République, je n'ai jamais sérieusement compté, — les conservateurs me pardonneront — que sur l'incapacité, la faiblesse, l'ignorance des soi-disant républicains, sur la présomption, la folie, l'avidité, l'ivresse du succès, le despotisme, les excès de tous genres, les mauvais instincts et les haines qui ne pouvaient manquer de se démasquer au jour du butin et de la curée. Nous pouvons compter sur eux pour s'entre-tuer, comme les soldats de Cadmus, nés des dents du dragon. Nous n'avons pas, d'ailleurs, contre eux la férocité de haine qu'ils éprouvent les uns contre les autres. Aucun conservateur n'oserait, par respect pour lui-même, imprimer les aménités qu'adressent aux opportunistes d'aujourd'hui leurs complices d'hier.

Comme nous ne ferions pas aussi bien, laissons-les faire ; remarquons seulement qu'il est difficile de dire ce qu'on a gagné aux révolutions.

*
* *

La dernière fois que j'ai eu le grand honneur et le grand plaisir de causer avec le roi Victor-Emmanuel, c'était à Rome, assez peu de temps avant sa mort. Nous parlâmes un peu de tout. A propos de la campagne que M. de Bismarck commençait contre l'Église avec une ardeur dont il a dû rabattre depuis, le roi me dit : « M. de Bismarck est fatigué d'être heureux ; il ne faut avoir avec l'Église que des guerres absolument inévitables. » Et il me donna des détails personnels très curieux.

La soi-disant République n'écouterait pas plus le Henri IV italien qu'elle n'écouterait J-J. Rousseau, qui écrivait en répondant d'avance à cette question, *quid eminere debeat in republica ?* « Quand on veut fonder une république, il ne faut pas commencer par la remplir de mécontents. » En même temps que la guerre à l'Église, elle a soulevé contre elle la magistrature ; plus de 200 magistrats, en donnant leur démission, sont *remontés* avocats, c'est-à-dire indépendants.

*
* *

Voici maintenant l'armée « effarée », ce dont tous les membres, vrais Français et vrais soldats, ne dissimulent guère leur mécontentement.

C'est encore une imitation, un plagiat, une parodie, et la preuve, la voici :

La destruction de la discipline dans l'armée, cette criminelle bêtise, commença en 1792, lorsqu'on fêta à Paris, avec tant d'enthousiasme, les Suisses de Châteauneuf insurgés.

Je vais citer :

« Custine est un imbécile dans l'art militaire. Ce faquin veut être un héros, et n'en est pas même un embryon.

» GARNERIN.

» 19 mai, an II. »

« L'armée entière reconnaît maintenant que les déplacements, campements, etc., que leur faisait faire Lafayette, n'étaient que pour la fatiguer et la détruire.

» Elle reconnaît également que c'était pour y étouffer l'amour de la liberté et de la patrie qu'il ne laissait circuler aucune feuille patriotique, et tout cela a changé : l'armée est maintenant jacobine comme Robespierre, les cris de « Vivent les sans-culottes! » s'y font entendre.

» Nous exerçons l'apostolat du patriotisme dans l'armée.

» DAUBIGNY et WESTERMANN.

» 24 août 1791. »

*
* *

« Beaucoup de coquins s'étaient glissés dans l'armée, et le pillage devenait dangereux ; nous l'avons *arrêté* par des *mesures simples et rigoureuses :* peine de mort contre tous les pillards, mais promesse et abandon à l'armée de *tous les effets et meu-*

bles *appartenant aux rebelles*, et *nous avons ajouté un millier de gratifications.* Nous avons évalué les effets des rebelles à deux millions, ce qui donne *à chaque soldat* 100 *fr.*

» RICORD, PAUL BARRAS, SALICETTI.

» 3 nivôse, an II. »

⁎⁎⁎

« Le Comité de salut public a nommé, pour remplacer Custine à l'armée, le lieutenant-général Dicthmann, connu pour un républicain prononcé et qui en a toutes les vertus.

» GARNERIN. »

Lettre de Lafont, juge militaire près l'armée d'Italie.

« Paris, 7 pluviôse, an II.

» Les armées ne sont pas encore purgées des nobles. Les Piémontais eussent sans doute depuis longtemps envahi notre territoire, si le soldat, habile à se passer des chefs et vainqueur toujours par ses propres directions, n'avait, dans toutes les circonstances périlleuses, prévu tout, pensé à tout et rendu vaines les spéculations perfides des officiers supérieurs.

Lettres de Westermann.

« 23 septembre 1793.

» Hier nos troupes ont été complètement mises en déroute. — On fait, dans cette guerre, jouer au général Rossignol le rôle d'automne. »

« 19 septembre 1793.

» Hier l'armée a rétrogradé sans être attaquée, le soldat est désolé, le peuple armé déconcerté, plus d'un tiers a déserté. »

« 16 septembre 1793.

» La confiance des soldats dans leurs chefs est la force des armées.

» Les armées étant purgées des généraux aristocrates, il convient de donner à ceux conservés plus de confiance, et de ne pas les faire marcher continuellement à la barre pour une simple dénonciation d'un premier venu, et de ne pas les faire courir à Paris, où vous leur faites perdre leur temps, et même leur bourse, sans être à portée d'acquérir les preuves qui n'échapperaient pas à des tribunaux à la suite des armées. »

Lettre de Bouchotte à Robespierre.

« 5 prairial.

» Lorsque je suis arrivé à la guerre, le public se plaignait que l'on ne se servait pas de patriotes. On m'a présenté Vincent et plusieurs autres ; ils furent admis. L'opinion que Vincent était patriote le fit recevoir, — il était peu travailleur, et c'eût été un motif pour l'écarter, sans l'appui que les patriotes lui prêtaient.

» Après le 31 mai, le comité manifesta l'intention d'envoyer des papiers publics aux armées : la feuille du père Duchêne, le Journal des hommes libres, etc., furent envoyés. *Le but était d'empêcher les soldats de s'engouer de leurs généraux* et de leur présenter l'aristocratie sous les couleurs odieuses qui lui appartiennent.

» La nomination de Ronsin au généralat de l'armée révolutionnaire, ainsi que son état-major, fut faite sur une liste agréée par les Jacobins. »

Etc., etc., etc.

Ne vous récriez pas ! la moindre discipline dans l'armée, l'histoire de M. Labordère, les scènes déplorables qui ont eu lieu récemment dans diverses localités, des discours comme ceux d'un certain colonel (heureusement territorial) Canat, le traitement infligé au colonel de l'Espée, etc., etc., mettent l'armée sur une pente tristement glissante.

A force de ne pas « s'engouer pour les généraux », on les tue comme on a assassiné Bréa, Clément Thomas et Lecomte.

⁎
⁎ ⁎

Après avoir cité Joseph Lebon, je peux bien citer Malebranche et les deux seuls vers qu'il a faits et qui sont restés plus célèbres que beaucoup de grands poèmes loués et admirés en leur temps :

Il fait en ce beau jour le plus beau temps du monde
Pour aller à cheval sur la terre et sur l'onde.

Ils me reviennent à propos de nos présidents et de leur voyage à Cherbourg, où ils ne sont allés ni à cheval ni sur l'onde.

Qui aurait jamais cru que la France, ce pays autrefois si chevaleresque, accepterait jamais pour maîtres et pour guides des hommes qui ne « monteraient pas à cheval », qui ne marcheraient pas toujours devant eux sur la terre et sur mer, qui, loin de là, ont pu dire, par la bouche d'un des plus illustres d'entre eux : « J'étais leur chef, j'ai dû les suivre. »

Le petit Thiers le comprenait et, dès qu'il eut gravi les premiers échelons du pouvoir, il s'occupa d'apprendre à monter à cheval, pensant que c'était tout à fait indispensable pour commander à des Français.

En juin 1840, il y eut à Paris une grande revue de la garde nationale. M. Thiers, alors président du conseil, s'enquit d'un cheval de belle apparence, mais très doux, très docile, et incapable de lui faire la moindre avanie. M. Ernest Leroy en avait un, remplissant ces conditions, qui lui avait été autrefois donné par le duc d'Orléans. C'était un petit cheval arabe que montait ordinairement un enfant de quatorze ans, hardi cavalier, que les amis de M. Ernest Leroy appelaient familièrement *Tata*. M. Thiers avait eu assez d'esprit pour ne pas exiger un grand cheval, comme font d'ordinaire les hommes de petite taille, qui également ne confient volontiers leur bonheur qu'à des femmes beaucoup plus grandes qu'eux.

Quand on demandait à M. Thiers : « Qu'est-ce que c'est que ce joli cheval que vous montiez à la revue ? » il répondait : « C'est un cheval que Leroy m'avait prêté. — Ah! c'est le roi qui vous l'avait prêté ? — Oui. »

Mais les amateurs de chevaux et les habitués du bois de Boulogne disaient : « Tiens! le cheval de Tata! »

Lamartine était beau cavalier, et, lors de l'envahissement de l'Assemblée, il monta à la tribune et ne dit que ces mots : « Un cheval et un fusil. » Il descendit dans la cour, prit le premier cheval d'officier qu'il rencontra, sauta en selle et, enfonçant son chapeau d'un coup de poing, se dirigea sur l'Hôtel-de-Ville avec une attitude si décidée, si noble, que la foule s'ouvrait devant lui. A quelques pas derrière, venait le gros Ledru-Rollin, qui s'était juché sur un petit cheval de soldat, la tête baissée, le corps replié, et pensant à offrir le moins de surface possible. Il est vrai que, ce jour-là, il avait droit aux coups de fusil des deux partis en présence.

*
* *

Si M. Thiers l'emportait sur ses futurs successeurs, comme homme de cheval, il ne leur était guère supérieur comme homme de mer.

On faisait au Havre de grandes régates ; c'est le Havre qui a eu l'honneur de donner l'exemple. Membre de la Société, j'avais reçu la mission de faire la police de la rade, d'empêcher ou de réparer les accidents. Et, à cet effet, je commandais un petit, très petit bateau à vapeur, du moins je le commandais comme, selon madame de Sévigné, « Louis XIV donnait les ordres à M. de Turenne », c'est-à-dire avec un vrai capitaine auquel je me serais empressé d'obéir à l'occasion. M. Thiers me fit demander de le prendre sur le petit bateau, et, tout en faisant mon service, je le promenai dans la rade. Il fut d'abord le charmant causeur que l'on sait, puis insensiblement il se modéra, devint silencieux et un peu morne. Comme nous étions alors un peu au large et moins près du Havre que de Trouville où était M. Guizot, je dis à M. Thiers : « Vous paraissez préoccupé, monsieur le ministre, pensez-vous que je veuille vous livrer à l'ennemi ? »

— Non, me dit-il, en essayant de sourire, j'ai confiance en vous — et je n'ai pas peur de lui. — Mais je vous avouerai que le « cœur me tourne » et que, ce qui est un peu déshonorant pour un Marseillais, je sens les symptômes d'un fort mal de mer : je serais heureux d'être à terre.

Je l'y ramenai en quelques minutes, mais je me permis une allusion à un discours qu'il avait récemment prononcé à la Chambre, proposant de classer dans la marine les mariniers et pêcheurs des fleuves et des rivières. « Que pensez-vous, lui dis-je, aujourd'hui des mariniers embarqués sur les vaisseaux ? »
— « Je pense, me dit-il, que j'y repenserai. »

Toujours est-il que les trois présidents n'ont pas osé aller par mer de Cherbourg au Havre.

*
* *

La question, en ce moment, est de savoir si c'est M. Gambetta ou si c'est M. Rochefort qui succédera à Charlemagne, à Louis XIV, à Napoléon Ier, nous en verrons bientôt d'autres.

En attendant, les vautours et les corbeaux qui battent des ailes, n'inventent même pas les injures, les invectives, les menaces, les « engueulements » et autres « faiseurs du bien dire ». « Satisfaits », « repus », représentent des termes plus forts, et sont moins pittoresques que ce que « Vadier », président du Comité de sûreté, disait à propos de Danton : « Nous viderons bientôt ce turbot farci. »

Tandis que Marat disait de Vadier : « C'est le traître et le scélérat le plus infâme. »

Quand je lis : « comme je confondrais M..., mais il écrit à loisir, dans un bain, dans un boudoir », ne croirait-on pas entendre M. Vallès parler de M. Gambetta ? — Non, c'est Camille Desmoulins qui parle de Saint-Just.

Je ferai remarquer, en passant, que je ne cite que des pièces authentiques et irrécusables, et que je les tiens à la disposition des incrédules.

Et ces mots adressés à Robespierre par un de ses complices mécontents : « Le pas qui vous mettra sur le sopha de la présidence, vous rapprochera d'un pas de l'échafaud. »

C'est seulement le style un peu précieux et bucolique, les pastorales et les « verdures » de cette époque de sang, où Fabre d'Églantine, écrivait le roman : *Il pleut, bergère*, et votait la mort de Louis XVI « sans appel ni sursis ».

Où « Achard » disait, le 18 pluviôse de l'an II, à

la Société populaire de « Commune affranchie » c'est-à-dire de Lyon démoli :

« Les cendres de Marat et du *vertueux* Chalier ont parlé à mon cœur. De votre front ignominieux va couler cette sueur froide avec laquelle l'éponge du républicanisme lavera votre visage encroûté de la crasse de l'hypocrisie. »

***

Ce vertueux Chalier, qui était le plus immonde scélérat, et qui fut mis au Panthéon, en même temps qu'on donnait une pension à son « amie », me fait signaler une lacune dans l'imitation et le plagiat.

On disait alors : l'incorruptible Robespierre, le vertueux Chalier, le règne de la vertu. D'où vient qu'on ne s'exprime pas ainsi aujourd'hui ? On se traitait alors de « colonnes inébranlables de la liberté », de « pères du patriotisme », etc. J'aimerais cependant à entendre dire : le vertueux Gambetta, l'invincible Pyat, l'austère Ferry, etc. ; j'avoue que ça me manque.

Quant à l'opportunisme, soyez convaincus que les intransigeants d'aujourd'hui n'attendent que d'être les plus forts pour devenir opportunistes, comme les opportunistes d'aujourd'hui étaient « irréconciliables » sous l'empire. Tous farceurs, quoique dangereux et sinistres.

Sous Henri III, Charles-Emmanuel, duc de Savoie,

s'empara du marquisat de Saluces, profitant des troubles qui agitaient la France. Il fit insolemment frapper une médaille représentant un centaure, portant sous ses habits la couronne de France avec ces mots : *opportune*, à propos.

Henri IV attaqua et conquit la Savoie, et Charles-Emmanuel dut implorer une paix qui lui coûta cher.

Henri IV, qui était gai et spirituel, fit à son tour frapper une médaille où l'on voyait Hercule, le pied sur le centaure abattu, avec ce mot : *opportunius*, plus à propos.

Ce sera plus tard la devise des intransigeants, si le bon sens public leur prête vie.

III

Qui ? nous ? nous, Français ? nous républicains ? Allons donc !

Notre caractère, notre tempérament, nos défauts, nos qualités, nos vices, nos vertus, nos mœurs, nos habitudes, nos muscles, nos nerfs, nos os, tout en nous, non seulement est contraire à la forme républicaine, mais encore est le contraire de la Répuplique.

Nous aimons le changement, non pour être mieux, mais pour le changement lui-même, et nous ne détestons pas de remplacer ce que nous venons de renverser par quelque chose de pas trop solide que nous puissions, un peu plus tard, renverser facilement. — Ç'a été une des causes de succès du « prince Louis ». Entre Cavaignac et Louis Napoléon, la majorité des républicains eux-mêmes a voté pour le prince. — parce qu'avec Cavaignac, on courait risque d'installer ce qu'ils demandaient, tandis qu'ils se figuraient qu'il serait bien plus facile de jeter le prince Louis par une fenêtre des Tuileries.

Je sais que des gens malveillants ont dit en voyant les Français faire une révolution tous les vingt ans, pour arriver toujours au même but, en passant par les mêmes phases et les mêmes étapes :

« Le Français n'est pas un esclave révolté qui veut briser ses chaînes, c'est un domestique capricieux qui aime à changer de maîtres. »

J'avoue que j'ai craint que ce ne fût vrai, et mon excuse c'est que souvent ça en a l'air, car « plus ça change, plus c'est la même chose ». A la prétendue tyrannie d'un seul, nous voyons périodiquement succéder le despotisme réel de tous, puis de quelques-uns, puis d'un seul, beaucoup plus réellement despote que celui qu'on a renversé pour lui faire place par un détour, toujours le même. On a dit aussi : « Les Français ne savent pas ce qu'ils veulent, et ne se tiendront tranquilles que quand ils l'auront obtenu. » C'est contre ces diverses accusations que j'ai moi-même, je le confesse, formulées ou propagées, que, après des études plus sérieuses, je viens nous défendre aujourd'hui.

⁂

Si les Français, qui ont toujours passé pour un peuple très spirituel, quoique, depuis quelque temps, nous vivions un peu sur notre réputation et sur notre capital, si les Français voulaient amener autre chose que ce qu'ils ont depuis un siècle, ils ne s'y prendraient pas toujours exactement de la même manière qui leur a si peu réussi, et qui les ramène toujours au même point, comme les mulets qui font tourner le manège d'une noria, mais auxquels on a, du moins, soin de voiler les yeux pour qu'ils ne voient pas qu'ils ne tracent qu'un rond vertigineux. S'ils voulaient aller ailleurs, ils ne prendraient pas toujours le même chemin, ils ne s'engoueraient pas d'hommes, le plus semblables possible à ceux qui les ont égarés et perdus ; qui les ont menés de Louis XVI à Robespierre, de Robespierre à Napoléon Bonaparte, de Bonaparte à Louis XVIII, puis, plus tard, de Louis-Philippe à Ledru-Rollin, Louis Blanc et Caussidière, etc., lesquels les ont conduits naturellement à Napoléon III, etc; rien de changé, les pas dans les traces des pieds, — si ce n'est qu'à chaque révolution, les épreuves des « grands hommes » sont plus pâles et plus misérables.

Des charlatans ont inventé quelque chose comme le « grand œuvre », la « pierre philosophale », la poudre de projection » des alchimistes, ils expliquent les merveilleux résultats en un langage que les auditeurs ne comprennent pas plus que les orateurs. Quelques jobards s'y laissent prendre, mais le plus grand nombre sait bien que la République n'a jamais été un but, mais une échelle, tenue par tous, au moyen de laquelle se perchent quelques-uns qui n'ont rien de plus pressé que de la rejeter du pied sur la tête de leurs complices imbéciles.

Après une révolution où « le peuple reprend ses droits », quelques farceurs, une coterie, s'emparent des places rétribuées ; ça finit toujours par une canonnade de Saint-Roch, par un 18 brumaire, par un 2 décembre, quand il devient indispensable aux usurpateurs de se débarrasser de leur « queue ». Ainsi auront à faire bientôt, si on leur en donne le temps, les « opportunistes », contre leurs complices et leurs dupes ; je ne sais pas comment ça s'appellera, mais ça aura lieu.

En 1789, les carrières de castes s'étant renversées d'elles-mêmes, on a vu un certain nombre d'hommes manifester des facultés d'une certaine puissance, des hommes nouveaux qui ont joué un rôle plus ou moins important.

Aujourd'hui il n'existe plus de talents méconnus, de génies comprimés. Mais il existe beaucoup de réputations factices et usurpées. Des cabotins, comme je le disais l'autre jour, sont venus remplir les emplois traditionnels, jouer les Robespierre, les Danton, les Camille Desmoulins, etc., comme d'autres artistes jouent les *Gévaudan*, les *Jeliotte*, les *Martin*, etc., en les « chargeant », chantant les mêmes paroles sur les mêmes airs, avec moins de souffle, de verve, moins de justesse, mais avec le même succès. On a eu pour eux, à cause du temps stérile où nous vivons, l'indulgence qu'on a pour certains acteurs de chef-lieu.

Si les Français étaient poussés aux révolutions, soit par le désir d'un progrès quelconque, soit par la manie de changer de maîtres, ils s'adresseraient au moins à des candidats différents de ceux qui les ont dupés et leur coûtent si cher, à des ténors qui leur chanteraient un autre air sur un autre instrument.

Je vais vous dire ce que, en réalité, nous aimons.

*
* *

Les Français tiennent à avoir des maîtres uniquement pour leur désobéir, pour les chansonner, les harceler, les insulter sans beaucoup de danger ; ce n'est pas une guerre, c'est un jeu, c'est un exercice, c'est un « sport », comme on dit aujourd'hui. J'avais commencé à le comprendre, lors de la naissance du second fils du duc d'Orléans ; il y eut dans Paris de grandes fêtes, de grandes réjouissances, et je dis dans *les Guêpes :* « Les Parisiens sont bien contents, sont bien heureux, c'est un prince de plus à outrager. »

Un prince, un roi, un empereur, un président,

c'est une cible, c'est une poupée de tir, c'est un
« carton ». Quand la poupée casse, quand le carton
est percé comme une écumoire, et qu'on ne voit plus
bien les coups, il faut tout de suite une poupée de
plâtre neuve et un nouveau « carton ». Tout est
bon pour servir de poupée et de carton. Le Français fait comme ces sauvages dont parlent les navigateurs, qui déclarent fétiche et dieu pour vingt-quatre heures le premier individu ou objet qu'ils aperçoivent le matin en sortant de leur cabane : une pierre, une plante, un lézard, et, le soir, ils le rejettent avec dédain ; le dieu a « fait sa journée », passons à un autre.

Hier, on a trouvé M. Gambetta : il a été immédiatement déclaré fétiche et dieu ; mais aussi cible, poupée et « carton ». Voyez avec quelle ardeur on a tiré dessus, avec plus de précipitation et de furie que de sang-froid, de justesse et de précision, mais on ne s'arrêtera pas.

Puisque nous parlons de M. Gambetta, donnons-lui un bon avis, ce n'est jamais dangereux, on ne suit que les mauvais ; M. Gambetta s'est trop accoutumé à ne parler qu'à un public conquis d'avance, ne venant à la taverne ou sous le balcon, que parce qu'il est de son avis et décidé à l'applaudir, quoi qu'il dise : il s'est laissé aller à de grandes négligences, et à traiter ses auditeurs un peu trop sans façon.

Je lui rappellerai l'histoire de je ne sais plus quel

roi qui, visitant un peintre célèbre, crut devoir se servir dans la conversation de termes techniques appliqués à la peinture ; le peintre le prit à l'écart et lui dit : « Ne parlez pas ainsi ; les enfants qui broient mes couleurs se moquent de Votre Majesté. »

Un homme d'État étranger du xviiie siècle disait : Comment se fait-il que, en France, où l'esprit court les rues, on nomme toujours aux grands emplois des hommes qui souvent ont du talent, des études, des qualités variés, mais jamais ou presque jamais des hommes d'esprit.

M. Gambetta aurait dû penser qu'en essayant d'émailler ses discours de termes de marine mal compris, qu'il a pu entendre autrefois en canotant à Asnières, il ne pouvait manquer de faire quelque confusion, quelques *pataquès ;* il aurait dû penser qu'il parlait, cette fois, devant des auditeurs sérieux, sachant quelque chose, et non devant un auditoire « d'hommes politiques ». — la politique et le gouvernement étant les deux seuls métiers qu'on croie ne pas avoir besoin d'apprendre. — On se rappelle ce qui arriva à un Anglais qui écrivait à Voltaire, et qui, confondant deux mots en apparence synonyme, lui dit : « Vous avez toujours eu pour moi des... *boyaux* de père » — au lieu d'entrailles. M. Gambetta ne pouvait manquer de faire rire les mousses, et ils rient encore.

Nous rappellerons que Louis XVI aussi fit un

voyage à Cherbourg et qu'il put parler correctement aux marins, parce qu'il était très savant.

*
* *

Il est dangereux de parler de ce qu'on ne sait pas, quand on n'a pas affaire à des clubs, à des réunions, à des auditeurs politiques. Un président d'un tribunal de Paris et le ministère public de ce même tribunal sont tombés, il y a quelques jours, dans cette faute. Il s'agissait d'un duel ; tous deux ont reproché avec amertume à celui des combattants qui avait blessé l'autre de s'être servi « d'épées à lames triangulaires qui sont bien plus dangereuses ». J'ai vu passablement d'épées dites de combat, il y en a même encore chez moi une paire que me fit faire, il y a bien longtemps, mon vieux maître Grisier. Je n'en connais pas dont la lame ne soit triangulaire, — s'il en est d'autres, — à lames plates, — comme les « lattes » des cuirassiers. Si je ne craignais de parler à mon tour de ce que je ne sais pas, je dirais que la blessure étroite qu'elles peuvent faire présenterait peut-être plus de danger, en ne donnant pas d'issue au sang. Une autre lame, qui n'est pas triangulaire, mais quadrangulaire, est la lame du fleuret démoucheté qu'on emploie quelquefois. Eh bien, elle passe pour plus dangereuse que la lame triangulaire de l'épée de combat, à cause de la finesse de sa pointe aiguisée, et précisément du peu de largeur de la blessure.

*
* *

Nous avons parlé, l'autre jour, de la désorganisation de l'armée par « l'apostolat » de l'indiscipline que pratiquaient les anciens, les modèles, les dieux de nos soi-disant républicains d'aujourd'hui. Nous parlerons, cette fois, de la religion et de l'Église, d'autant plus à propos que M. le Président de la République vient de dire, dans une occasion solennelle, que « la religion et l'Église ne sont nullement menacées ».

Ce qui se passait sous le règne des « modèles » de nos prétendus républicains d'aujourd'hui — doit se renouveler avec des « guides » qui avouent et, qui pis est, prouvent qu'étant les chefs, ils doivent suivre. On a du reste commencé l'imitation par l'archevêque de Paris et M. de Guerry et les dominicains d'Arcueil : pourquoi s'arrêterait-on ?

D'abord, on va s'occuper de trouver un évêque Gobel — l'évêque Gobel est celui qui, le 17 brumaire an II (7 nov. 1793), à la tête de son clergé, tous coiffés du bonnet rouge, vint à la Convention se « déprêtriser », comme on disait alors, et déposa sa croix et son anneau, en proclamant la fraternité, l'égalité et la raison comme seul culte national.

Le 20 brumaire (10 novembre 1793), eut lieu la

première fête de la Raison à Notre-Dame. On mit sur l'autel mademoiselle Aubry, actrice de l'Opéra, avec des vêtements à la fois tricolores et insuffisants.

A Saint-Sulpice, dit Michelet, la « Raison » fut représentée par la femme d'un magistrat de Paris.

Gobel s'occupa ensuite de marier des curés. L'exemple en avait été donné, dès 1790, par le curé Rémy Vinchon. Cet exemple fut suivi par des milliers de prêtres. M. Loyson, qui a prévenu le mouvement comme Vinchon, aurait des chances pour le « Gobelat ». Cependant Mgr de Bayeux, par un discours à M. Grévy, s'est mis pour le moment très bien en cour. — Je ne puis cependant dissimuler aux candidats que l'évêque Gobel fut plus que guillotiné par ses amis.

Une idée que l'on pense à copier déjà aujourd'hui, c'est un « culte national ». Nous avons eu en ces temps regrettés un essai remarquable, mais ce fut seulement sous le directoire : les Théophilanthropes s'assemblèrent à Saint-Sulpice pour célébrer leur culte, dont La Réveillère-Lepeaux était le grand prêtre. Ils étaient vêtus d'une grande robe blanche avec des ceintures tricolores. On prêchait contre les prêtres à robes noires, dont plusieurs avaient pris part cependant à cette mascarade. Les Théophilanthropes avaient demandé à être salariés par les républicains; le « salariat » étant repoussé, la nouvelle religion tomba en dissolution. Barras, du reste, avait dit à son collègue La Réveillère-Lepeaux :

— Si vous voulez faire prendre votre religion, il faut vous faire pendre comme Jésus-Christ.

Une jolie idée fut aussi la fonte des cloches et de tous les ornements d'or et d'argent dont on dépouilla les églises.

Mais attendez, Paris n'a pas été fait et ne peut être défait en un jour.

Nos gouvernants actuels et imminents ont tant d'épurations à faire, qu'il est d'un bon citoyen de les aider. Voici tout fait le formulaire que le représentant Albiste faisait signer aux prêtres du département de l'Oise.

« Je..., âgé de..., commune de..., faisant le métier de prêtre depuis l'an..., convaincu des erreurs par moi trop longtemps professées, déclare y renoncer à jamais, abdiquer et reconnaître comme fausseté, illusoire et imposture, toutes fonctions de prêtres..., etc.

« Signé:... »

Monestier (de la Lozère), représentant du peuple dans les départements de Lot-et Garonne et des Landes, fit afficher ce placard :

1° Les directoires de districts nous adresseront l'état des communes qui ont renoncé à leur culte public, et qui ont élevé dans leurs églises des temples à la Raison ;

2° L'état des évêques, curés, etc., qui ont abdiqué leur profession.

3° Il n'existera de cloches que dans les temples de la Raison. Les autres seront descendues.

4° En cas d'agitation dans les campagnes, les prêtres n'ayant pas abdiqué leur état en seront responsables. Ils seront traités comme suspects, etc.

5° On nous rendra compte des objets d'or et d'argent, ornements et autres objets provenant de la dépouille des églises, etc., etc.

Puis on commença le massacre des prêtres dans les prisons. Le 7 septembre 1792, entre autres, dans le couvent des Carmes déchaussés de la rue de Vaugirard, converti en prison comme tant d'autres édifices, on en égorgea d'un coup cent soixante-douze.

Puis Robespierre reconnût l'Être suprême, comme le fit M. Thoré en 1848 ; mais l'Être suprême ne se montra pas plus reconnaissant qu'il ne l'avait été pour Louis XIV qui, après la révocation de l'édit de Nantes, à la nouvelle d'un désastre, disait : « Comme Dieu me traite ! après ce que j'ai fait pour lui ! »

Peut-être est-il réservé à nos contemporains de punir l'Être suprême de son ingratitude en épurant définitivement le ciel.

L'abbé Sicard, l'instituteur des sourds-muets, dont presque tous les clients appartenaient aux classes populaires, fut, en 1793, chassé de son école et mis en prison ; en vain son meilleur élève, Massien, à la tête de toute l'école, vint réclamer « leur père, » sans lequel et avant lequel, disaient-ils, nous étions semblables aux animaux sauvages ». L'abbé Sicard fut transféré, à travers les insultes, les menaces et les coups de la populace, dans une des prisons où l'on devait, quelques jours après, égorger les prêtres. Un poignard était déjà levé sur lui, lorsqu'un horloger, nommé Mounot, le sauva au risque de sa propre vie.

Voici à peu près ce que faisaient de la religion et des prêtres les aïeux et les modèles de nos aimables contemporains, qui les ont déjà imités lors de la Commune. Nous verrons, la semaine prochaine, ce qu'ils faisaient de la justice, c'est-à-dire ce qu'en feraient leurs successeurs et dévots.

IV

Nous avons vu ce que les « démocrates, socialistes, irréconciliables, intransigeants », etc., c'est-à-dire ceux qui n'ont pas eu jusqu'ici leur part de butin, se proposent, à l'imitation de leurs « pères » et modèles de 1792 et 1793, de faire de l'armée et de la religion. Nous allons voir aujourd'hui comment ils entendent la justice. Les « opportunistes », c'est-à-dire ceux qui se sont partagé le butin, et qui voudraient bien ne pas diminuer leurs portions en les partageant aujourd'hui, n'osent pas encore rompre tout à fait avec leurs complices d'hier, ne s'opposent que mollement à leurs projets, et leur font des concessions et des promesses.

Ainsi M. Cazot, ministre de la justice, disait dernièrement, dans une de ces tavernes où nos hommes d'État acceptent si volontiers des « consommations », des « punchs », le « mêlé-cassis » et l'absinthe :

« Nous avons à réformer la magistrature. »

Je rappelais dernièrement, en citant le républicain Prud'homme, que beaucoup de rôles importants avaient été joués en 1792, 1793, 1794, par des comédiens, des dentistes en plein vent, des joueurs de gobelets, etc., à cause de leur habitude de parler effrontément en public ; c'est ce que nous voyons encore aujourd'hui, où nos hommes politiques sont en grande majorité des avocats, lesquels, en ce moment, s'occupent de recruter et d'enrégimenter les commis voyageurs du commerce par lesquels nos ministres se font solennellement offrir des « punchs », et qu'ils chargent de propager avec l'autorité de leur position et de leur parole, leur politique « grand teint », leurs idées « grande largeur », tout le stock, et les « occasions rares » de projets « avantageux » livrés « prix de fabrique ».

Ce serait une grave erreur d'appeler tout cela de la politique. Il n'y a même pas là un véritable « parti » : — un parti s'appuie sur un principe.

Cavaignac aima mieux ne pas être président de la République que de se laisser élire par l'Assemblée nationale lui offrant de déroger à la Constitution.

Ce que nous voyons, c'est une « affaire », une réunion, une compagnie de spéculateurs qui mettent en commun tous leurs efforts, et rassemblent des actionnaires dans le but de se partager, le cas échéant, les bénéfices du pouvoir, en se réservant de frustrer la « vile multitude » affamée des petits actionnaires. Il n'y a rien qui distingue ce qu'on appelle encore aujourd'hui par habitude la politique d'une société industrielle formée pour l'exploitation d'une houillière, d'une ligne d'omnibus, d'un grand magasin de nouveautés ou d'une farine nourrissant quatorze mille fois plus que la viande. Ceux qui, jusqu'à présent, n'avaient pas reconnu cette situation, doivent être aujourd'hui éclairés et convaincus, en voyant les gros actionnaires, les Macaires et les Bertrands, appeler à eux les commis voyageurs de commerce pour les aider à endoctriner et emboberliner les *gogos*.

				**
				* **

Je lis et j'entends dire que les opportunistes, les très humbles serviteurs et dévots de l'occasion, se pensent très assurés de leur succès, se grisent du vin qu'ils versent aux autres, et prennent au sérieux les vivats, les acclamations des gens qui crient dans les rues ; ils ne paraissent pas se rendre compte que les gens qui crient dans les rues sont toujours les mêmes, comme des comparses et des figurants de théâtre. Que ceux qui, en 1813, criaient : « Vive l'empereur ! » étaient les mêmes qui criaient en 1814 : « Vive le roi ! » les mêmes qui, pendant les Cent-Jours, recriaient : « Vive l'empereur ! » et recriaient, trois mois après : « Vive le roi ! » Ils aiment crier, crient aussi volontiers *à bas* que *vive*, et appliquent sans scrupule ces deux cris aux mêmes personnes, souvent sans beaucoup d'intervalle. Il ne serait peut-être pas exact de considérer ces « criards » comme l'élite du pays, ni de trop compter sur eux ; qu'on se contente donc des commis voyageurs, qu'il ne serait pas impossible de voir un de ces jours appeler à remplacer le Sénat qui n'est plus à la mode.

***

Arrivons à la justice telle que l'entendaient les pères, les modèles, les idoles des soi-disant républicains d'aujourd'hui, et ne nous dissimulons pas que ce qui se peut actuellement dans la magistrature et ce qui se prépare contre son indépendance, y conduisent par une pente plus rapide et plus glissante qu'on ne semble s'en apercevoir.

Il n'y a pas plus de magistrature sans indépendance que d'armée sans discipline.

Lettre de Barthe à Lebas.

« Cambrai, 30 floréal, an II.

»... Le Comité de salut public a dit à Lebas qu'il espérait que nous irions tous les jours de mieux en mieux. Robespierre voudrait que chacun de nous pût former seul un tribunal, et empoigner chacun une ville de la frontière ; la vertu et la probité sont plus que jamais à l'ordre du jour. »

Le citoyen Fauvety au citoyen Payan.

« Orange, 19 messidor, an II.

»... Ragot, Fernex et moi, nous sommes au pas ; Roman-Fonrosa est un excellent sujet, mais formaliste enragé, et un peu loin du point révolutionnaire où il le faudrait. Meilleret, mon quatrième collègue, ne vaut rien, absolument rien, au poste qu'il occupe ; il est quelquefois d'avis de sauver des prêtres : il lui faut des preuves, comme aux tribunaux ordinaires de l'ancien régime. Il inculque cette manière de voir à Roman, et tous les deux nous tourmentent. *Dieu* veuille que Ragot, Fernex et moi nous ne soyons jamais malades ; si ce malheur arrivait, la commission ne serait plus que de l'eau claire ; elle serait au niveau des tribunaux ordinaires de départements. »

Fernex à Robespierre.

« Orange, 1er fructidor, an II.

»... Tu me témoignes un vif désir de connaître ceux qui cherchent leur tête... Tu verras que les prêtres, les nobles et ce qu'on appelait ci-devant « ces messieurs de la première volée », nous ne les manquons guère, et nous tâchons de les punir de leur perfidie, en leur faisant pressentir, dès l'ouverture des débats, quel en sera pour eux le résultat. »

Collot-d'Herbois à Fouché.

« Commune affranchie, 5 frimaire, an II.

»... Les rois punissaient lentement, parce qu'ils étaient faibles et cruels. La justice du peuple doit être aussi prompte que l'expression de sa volonté. Nous avons pris les moyens efficaces pour marquer sa toute-puissance, de manière à servir de leçons aux rebelles...

»... Nous sommes en défiance contre les larmes du repentir, rien ne peut désarmer notre sévérité contre cette infâme cité! L'indulgence est une faiblesse dangereuse. La démolition de Lyon est trop lente. Il faut des moyens plus rapides ; la volonté du peuple ne peut être arrêtée comme celle des tyrans, elle doit avoir l'effet du tonnerre... Il faut l'explosion de la mine et la flamme... Il faut que Lyon ne soit plus. Nous avons créé deux nouveaux tribunaux, ils sont en activité à Feurs. Nous avons donné à ceux qui sont ici plus d'activité ; plus d'une fois, vingt coupables ont subi leur peine le même jour. C'est encore trop lent pour la justice du peuple, qui doit foudroyer. Nous forgeons la foudre... »

Castaing à Gravier.

« Commune affranchie, 18 ventôse, an II.

»... Nous avons des aristocrates libres, mais le sage décret que vient de rendre la Convention pour incarcérer, bannir et séquestrer les personnes et les propriétés des ennemis de la Révolution, va remédier à cet abus... Le reste nous regardera, et tu peux croire que nous ferons aller, et ça ira.

Couthon à Saint-Just.

« Ville affranchie, 20 octobre, an II.

»... Le froid qui commence à se faire sentir ici augmente mes douleurs. Fais-moi passer un arrêté pour que j'aille travailler à Toulon, dont le climat est doux. Toulon brûle, car il faut que cette ville infâme disparaisse : je reviens auprès de vous.

» Mande moi si je puis conserver le télescope de l'infâme Précy. »

Payan à Roman-Fonrosa.

« Nos commissions n'ont aucun rapport avec les tribunaux de l'ancien régime. Il ne doit y exister aucune forme. La conscience du juge les remplace.

» La sensibilité individuelle doit cesser. Elle doit prendre un caractère plus auguste. Tremble de sauver un coupable.

» Fauvety sait l'impulsion qu'il faut donner au tribunal ; il a acquis l'estime et l'amitié de tous les républicains. On applaudit toujours à sa justice. La modération qui prend le voile de la justice est un crime. »

Le même.

« Du 9 thermidor, II.

» A Orange. — Le tribunal doit juger révolutionnairement, sans instruction écrite, sans assistance de jurés. »

Juge à Payan.

« Valréas, 7 messidor II.

» Maignet met le tribunal au pas... Selon les apparences, il tombera plus de trois mille têtes dans ce département ; — les prisons regorgent de suspects. »

Pilot à Gravier.

« Commune affranchie, 10 nivôse, an II.

»... Lyon, cette ville infâme dont on ne peut répéter le nom sans être armé du poignard de la vengeance — ne sortira de la main des patriotes que lorsque tous les traîtres seront anéantis.

» Grâces soient rendues au tribunal révolutionnaire de Commune affranchie ! Qu'il est grand ! qu'il est sublime ! — Rien n'échappe à sa surveillance.

»... Ils veulent la mort, — eh bien, ils la trouveront.

» C. PILOT. »

« *P. S.* Je me ferai le plaisir de te faire parler des

débris du compagnon de saint Antoine, mais un peu de patience, il n'est pas encore assez salé. — Je t'enverrai un gros jambon, un gros et gras saucisson. Embrasse tes frères et les miens. Il n'y a rien de nouveau pour ton oncle, sauf qu'il a été transféré à la *care*. Cela sent mauvais pour lui... — Ce vieux aristocrate ne tardera pas... Tous les jours il en passe, tant fusillés que guillotinés, au moins une cinquantaine...Tu apprendras, sous peu de jours, des expéditions de deux ou trois cents à la fois.

» Je m'occupe de la commission des mouchoirs et des bas. »

Du même au même.

« 24 frimaire, an II.

» La guillotine, la fusillade ne vont pas mal, quatre-vingts, deux cents à la fois sont fusillés, et, tous les jours, on a le plus grand soin de mettre des prêtres en état d'arrestation pour ne pas laisser de vide aux prisons... Du moment où j'aurai pu me procurer les bas pour Robespierre, je te les ferai porter. Je t'ai envoyé un jambon. — Notre tribunal va bien »

Achard à Gravier.

« Comm. affr., 20 thermidor, an II.

» Point de pitié... du sang ! du sang ! — Il faut que la vertu surnage sur l'océan du crime...

»Le tribunal poursuit avantageusement sa carrière, il aurait certainement besoin de bons renseignements, mais il ne se donne pas la peine de les rechercher ou demander. Hier dix-sept ont mis la tête à la chatière, aujourd'hui vingt et un recevaient le feu de la foudre, tandis que huit sont guillotinés...

» Encore des têtes, et chaque jour des têtes tombent ! Quelles délices tu aurais goûtées, si tu avais vu avant-hier cette justice nationale de deux cent neuf scélérats ! Quelle majesté ! tout édifiait. Quel ciment pour la république ! Le président et le procureur général du Puy-de-Dôme en étaient. En voilà plus de cinq cents, encore deux fois autant, et puis ça ira ; quel spectacle digne de la liberté !

» J'ai reçu quatorze cents livres en assignats ; j'en ferai le plus digne emploi, celui de soutenir avec une vingtaine de bons bougres les principes d'une société républicaine...»

Javognes aux citoyens composant le tribunal de Feurs.

« Commune affranchie, 10 nivôse, an II.

» Je vous défends de juger aucun criminel, jusqu'à ce que je sois arrivé à Feurs. J'ai vu avec la plus vive douleur qu'un noble, tel que Magneux, qui possède des richesses immenses, a été relâché et déclaré innocent. Il faut que vous ayez perdu toute honte et toute prudence pour blanchir des aristocrates aussi gangrenés. Des êtres aussi méprisables que vous ne sont pas faits pour le gouvernement républicain. Vous n'êtes que des lâches et des injustes. Tâchez que mes oreilles ne retentissent plus de vos iniquités...»

Maignet, au citoyen Payan.

« 20 germinal an II.

» Tu sais combien il est indispensable d'assurer la vengeance du peuple. Mais tu connais aussi la disette de sujets. Indique-moi une douzaine de francs républicains. Si tu ne les trouve pas ici, cherche dans la Drôme ou l'Isère, les uns pour entrer dans un tribunal républicain. Il faudrait que quelques-uns d'entre eux aient les qualités nécessaires pour devenir agents (exécuteurs) nationaux. »

Bellanger au Comité des finances.

«... J'avais une maison louée et habitée, dont le produit me faisait vivre ; des membres d'un comité, qui se sont dits autorisés par la loi, sont venus la nuit s'en emparer, et, au nom de la loi, ils ont chassé mes locataires et ils y ont établi les leurs, ont perçu les loyers au nom de la nation, et, depuis sept mois, je n'ai pu obtenir justice ; j'ai une famille de vingt-cinq personnes existant par moi, etc... »

Payan.

« 18 brumaire.

» Le tribunal va bien ; il fallait que Philippe pérît ; quand il eut été vaincu, si sa mort était utile, il fallait qu'il fût condamné ; aucun témoin à sa charge, mais il fallait *le répandre...* »

Payan à Robespierre.

«... S'ils n'étaient pas morts, il faudrait les faire périr encore avec ces journalistes qui ont eu la lâcheté ou la malveillance de ne rien dire de la fameuse séance du tribunal révolutionnaire. Apprends à tous les citoyens qu'une mort infâme attend tous ceux qui s'opposeront au gouvernement révolutionnaire.

»... Que les fonctionnaires publics servent à centraliser, à *uniformiser* l'opinion publique. Travaille en grand. »

Prestavin à la Convention.

« Trois citoyennes, dont les maris étaient arrêtés, allèrent auprès de Collot-d'Herbois implorer sa clémence ; il les fit arrêter et exposer pendant six heures en public attachées au pilori.

» Chalier a tenu un conciliabule ; là, plus de cent

cinquante affidés ont juré d'établir une guillotine sur le pont Morand pour guillotiner tous les gros négociants nécessairement aristocrates. L'emplacement serait commode pour jeter les corps dans le Rhône. Un nommé Fillon, que Robespierre a envoyé de Paris pour être à Lyon membre du tribunal révolutionnaire, s'est offert pour être le bourreau. »

Cousin à Robespierre.

« Bas-Main, 27 nivôse, an II.

»... Le sang des prêtres et des aristocrates abreuve nos sillons dans les campagnes et ruisselle à grands flots dans nos cités. Juge quel spectacle est-ce pour un républicain animé comme je le suis du plus pur amour et du feu le plus sacré de la liberté et de la patrie qui brûle dans mes veines. »

Commission populaire du Muséum à Paris.

Quelques noms d'une liste de condamnés à la déportation par la commission populaire.

Girardin, notaire. — N'a jamais fréquenté que des aristocrates qualifiés d'honnêtes gens.

Jeanne Vassan et *son mari*, ex-nobles. — Ayant conservé le fol espoir de faire reprendre leurs livrées à leurs gens.

Bergeron, marchand de peaux. — Très égoïste,

blâmant les sans-culottes de ce qu'ils abandonnent leur état pour ne s'occuper que de politique.

Vautier. — On a trouvé chez lui des tasses à café à l'effigie du dernier tyran ; il les avait retirées des mains d'une citoyenne qui allait les casser, — et un chapelet de forme extraordinaire.

Vochan. — Modéré.

Jourdeville (Angélique). — Sœur d'émigré, ex-noble. — Fille d'un ci-devant comte, ayant un frère et un père frappés par le glaive de la loi.

Jourdeville (Aimée). — Même crime.

Femme *Jourdeville*, ci-devant comtesse.

Deville. — Il a eu un frère guillotiné; insouciant pour la chose publique.

Lavoie (Pierre.) — S'est opposé à ce qu'on démolisse pour en faire du salpêtre, une église qu'il avait louée.

V° *Lenoir.* — Aristocrate, ne voyant que des gens comme il faut.

Lavoix-Lavallade. — A mal parlé de Marat.

Jeanne Lefortier. — Ex-noble, femme d'un ci-devant capitaine du ci-devant régiment Dauphin. Fanatique ne croyant pas aux bienfaits de la Révolution.

Sœurs Saint-Chamans. — L'une de 19 ans, l'autre de 15. Filles d'un ci-devant lieutenant-général. Beaucoup prononcées contre la liberté.

COMITÉ RÉVOLUTIONNAIRE DE ROANNE.

Liste des arrestations.

Vougy. — N'a pas paru attaché à la Révolution.

Milly. — Ci-devant noble ; n'a pas manifesté son attachement à la Révolution, et a tenu des propos indiscrets.

Fille Contenson. — Nièce d'émigré, ci-devant noble.

Fille Contenson (la jeune). — Ci-devant noble, nièce et sœur d'émigré.

Basset. — Noble, n'a jamais rien fait pour la Révolution.

Veuve Chavouse. — Nièce d'un fils réputé aide de camp de Perrin-Précy.

Beligny. — Opinions trop modérées.

Femme Sirvinges et Sirvinges. — N'ont jamais rien fait pour la Révolution.

Barthelot, égoïste. — Dénoncé par le commissaire Lopulus. Sans autre explication.

Daneyrac (fils aîné). Égoïste.

Daneyrac (fils cadet). Ne s'est montré d'aucune manière pour la Révolution.

Gonthie d'Auvrillard. — Très modéré.

Grosbois fils. — Froid pour la Révolution.

Mathé Bulichard. — Froid.

Champagny Monpère. — Dénoncé par Lopulus.

Lebeaume aîné, frère d'un ingénieur fusillé. —

Coupable en outre de propos contre la société populaire de Roanne.

Desbrosses, père. — Dénoncé par Lopulus.

Debourg aîné. — Idem.

Moulin. — A tergiversé.

Bros, notaire. — Réflexions inconséquentes.

Geoffroy père. — Assiste rarement aux assemblées.

Abbé Chavognat. — A donné asile à un parent frappé par la loi.

Duval. — Soupçonné d'avoir été destitué sur un rapport de Lopulus.

Abbé Benard. — N'a pas paru attaché à la Révolution.

Girard père et femme Girard. — Arrêtés par Lopulus qui n'a pas donné de motifs.

Godinot de Saint-Haron. — Idem.

Suivent quatre autres pour la même raison.

Janin. — A dit, à propos d'affaires militaires, que les inférieurs devaient obéir à leurs chefs.

Imbert, curé. — N'a pas prêché en faveur de la Révolution.

Chariot. — A dit à des volontaires qui demandaient l'étape qu'il leur donnerait plutôt la tape.

Un Vicaire. — N'a pas célébré la fête du 10 août.

Bessenoir. — Mauvais sujet.

Duvernoy, Voyet Breteville, Michaud. — Arrêtés par Lopulus.

Dupuy. — Arrêté par Lacourt.

⁎⁎⁎

Je me bornerai là. Comment un grand peuple souffre t-il qu'une, deux ou trois poignées de fous et de scélérats, suivis par quelques milliers de dupes et d'imbéciles, professent ouvertement, publiquement, le culte des immondes brigands dont nous venons de lire quelques lettres ; les prennent hautement pour modèles, et avouent, proclament leur intention, leur espoir de nous ramener à cette époque néfaste de notre histoire ?

Comment tolère-t-on davantage ceux qui, après les avoir enivrés et déchaînés, commencent à en avoir peur, et, après avoir exploité leur furie sauvage, cherchent à exploiter aujourd'hui la terreur qu'ils inspirent, en offrant, faux dompteurs, de les combattre et de les mettre en cage, tout en comptant s'en servir encore ?

Je ne me lasserai pas d'exposer aux yeux les routes qu'ont suivies ceux que nos soi-disant républicains d'aujourd'hui prennent pour modèles et avouent vouloir les imiter et les suivre.

Une société d'honnêtes gens de bon sens devrait se former pour exproprier à tout prix, pour utilité publique, les auteurs et les éditeurs des *Communeux de Paris*, le courageux ouvrage si spirituellement, si cruellement illustré par ce brave et sensé Bertall, le beau livre des *Convulsions de Paris* de Maxime

Du Camp et quelques autres ouvrages authentiques sur la Terreur de 92-93 ;

Les publier à un sou la livraison sous toutes les formes, avec tous les moyens de publicité et de propagation imaginables.

Peut-être arriverait-on à faire voir clair à la France, qui alors chasserait les intransigeants et les opportunistes avec des malédictions et des huées.

MES ALMANACHS

Voici bientôt la fin de cette année 1880. On appelle cela avoir une année de plus, tandis que c'est, au contraire, une année de moins, c'est-à-dire une année encore dépensée du nombre inconnu qui nous a été accordé ou infligé.

C'est le moment où tombe la pluie annuelle des almanachs. Chacun fait annoncer les siens et dit en quoi ils sont recommandables et supérieurs aux autres almanachs.

Celui-ci raconte le passé, celui-là prédit l'avenir, un troisième donne des recettes et des secrets pour tous les maux, un autre public des éphémérides et un autre des anecdotes grivoises ; un autre s'écrie : Remarquez que je vous ai prédit de la pluie, du vent, du soleil, des révolutions, des morts et des naissances d'hommes illustres et qu'il y a eu de tout cela, pas toujours aux époques, ni aux pays que j'avais indiqués. Mais enfin, en masse, mes prédictions se sont à peu près réalisées. Achetez l'almanach de l'année prochaine, j'y prédis encore plus de pluie, de vent, de soleil, de révolutions, de naissances et de morts d'hommes illustres, etc.

Cet exemple m'émeut à un certain point. Je voudrais bien aussi persuader au public de « prendre mes almanachs », c'est-à-dire de lire avec une certaine attention et un peu de confiance, les écrits que je lui soumets.

Et, pour cela, je ne me contenterai pas d'affirmer que mes prédictions se sont réalisées plus souvent et plus complètement que je ne le désirais. J'en donnerai la preuve par un petit nombre de citations.

En voyant que j'ai vu clair dans le passé et qu'il est tombé dans tous les trous que je lui avais signalés, peut-être ce public supposera-t-il qu'il n'est pas impossible que je voie encore clair aujourd'hui, et regardera-t-il enfin à ses pieds.

Peut-être pensera t-il que je lui dis la vérité quand je crie sur les toits que la République devait être « le gouvernement des meilleurs choisis par les bons ».

Et que ce qu'on appelle aujourd'hui République est non pas le gouvernement, « mais le despotisme des médiocres choisis par les pires ».

Commençons les citations :

Les Guêpes.

Octobre 1841.

« La bourgeoisie française n'a pas compris, ne comprend pas la situation ; elle ressemble à la chatte métamorphosée en femme qui, en voyant une souris, se jette à quatre pattes, et la poursuit sous le lit ; elle s'est accoutumée pendant longtemps à attaquer la royauté. Aujourd'hui qu'elle est elle-même la royauté, elle ne peut s'empêcher de se mêler un peu par habitude, et un peu par air, aux nouvelles attaques dont sa royauté est l'objet.

» Elle ne voit pas, la malheureuse ! que c'est sa royauté à elle, que c'est elle-même qu'on attaque, que c'est elle qu'on détruit.

» Les bourgeois devraient se relayer autour de Louis-Philippe, pour défendre, de tout ce qu'ils ont de courage et de sang, chacun des poils de sa barbe.

» Car s'ils le laissent renverser, que dis-je, s'ils aident à le renverser, ils sont perdus à jamais ; leur puissance deviendra un rêve pour eux-mêmes, et leurs enfants refuseront d'y croire. »

Octobre 1841.

« La France, la patrie, la gloire nationale, la liberté, le maintien des institutions, le peuple, etc.

» Chacun de ces mots n'est qu'une flèche, qu'une pierre, qu'une balle que chaque personnage tire sur ses « ennemis politiques », c'est-à-dire sur ceux qui occupent la place qu'il veut avoir, ou qui veulent avoir la place qu'il occupe.

» D'abord, les petits moyens suffisaient ; on attribuait « au gouvernement actuel », c'est-à-dire au ministère, la pluie qui tombait ou qui ne tombait pas ; jamais on n'avait vu tant de chenilles que cette année : la récolte serait mauvaise, le pain très cher, etc.

» Cela suffit longtemps pour faire succéder M. Thiers à M. Guizot et M. Guizot à M. Thiers ; M. Passy à M. Dufaure et M. Dufaure à M. Passy, etc.

» Puis, comme tout s'use, on ajouta, un jour que ça n'allait pas, une petite émeute, une émeute de rien : trois lanternes cassées, une pierre jetée à un commissaire.

» Cela réussit.

» A une seconde fois, il fallut six lanternes, trois pierres jetées à trois commissaires.

» Puis un changement de ministère ne se fit plus à moins de trois émeutes et de quelques morts, afin que M. Guizot remplaçât M. Thiers, ou M. Thiers M. Guizot, etc.

» Et nos hommes d'État, occupés du seul soin de « faire cuire leur œuf à la coque », continuent à mettre le feu à tout, bêtement traîtres envers le pays et envers eux-mêmes ; car, à force de se disputer le pouvoir et de se faire aider, pour le tirer à eux par des mains peu choisies, à chaque fois qu'ils le ressaisissent et l'enlèvent à leurs adversaires, ils doivent voir qu'il est plus sali et plus déchiré, qu'il en reste des morceaux entre les mains de leurs alliés et dans la boue du champ de bataille, et qu'aujourd'hui, déjà, ce n'est plus qu'un déplorable lambeau. »

Octobre 1841.

« Un nommé Barbet, tonnelier, est amené devant le tribunal. Il est accusé d'avoir, dans la dernière émeute, porté le drapeau rouge.

» Ce drapeau, répond-il, était ma cravate qu'on m'avait prise à cause de sa couleur pour en faire un drapeau ; j'ai mieux aimé emporter le drapeau que de me séparer de ma cravate qu'on m'aurait volée.

» Qui sait où Barbet, le tonnelier, pouvait être conduit pour ne pas quitter sa cravate? Que l'émeute eût réussi, et M. Barbet pouvait devenir roi de France, sous le nom de Barbet Ier.

» Vous froncez le sourcil, ami lecteur, eh bien, *soyez sûr que tout ceci finira par une bouffonnerie de cette force-là.* »

Décembre 1848.

« ... M. Flocon, que l'on dit « fort au billard » et dont le jeu était, avec ses amis, de *coller la bille* du pouvoir, fut, après leur triomphe, obligé de prendre la queue du pouvoir désarmé et de continuer la partie « en son lieu et place ».

» C'est-à-dire que le parti républicain qui, pour arriver et renverser la dernière forme de la monarchie, avait rendu impossible, non seulement le gouvernement constitutionnel, mais aussi n'importe quel gouvernement qui serait appelé à lui succéder, fut pris au mot, et ne fut pas aussi effrayé qu'il aurait dû l'être.

» Il se trouva condamné à régner dans les conditions qu'il avait voulu imposer au gouvernement de Juillet pour le renverser plus vite ; c'est-à-dire qu'il dut pendre dans ses mains des rênes dont il avait coupé tous les fils dans les mains de ses prédécesseurs en appliquant des théories qui n'avaient été inventées que pour rendre tout gouvernement impossible, c'est-à-dire, le *suffrage universel direct*, l'*intelligence des baïonnettes*, l'*indépendance des fonctionnaires*, la *diminution des impôts* avec les plus coûteuses *améliorations*, le *droit au travail*, la *liberté illimitée de la presse*, la *liberté de réunion*, les *clubs* et une douzaine d'autres billevesées, etc. »

*
* *

Ce qui m'a amené à ouvrir ainsi mes vieilles *Guêpes*, c'est le plaisir et l'orgueil de me trouver d'accord avec M. le préfet de police Andrieux, qui a commencé à comprendre qu'il faudrait approprier la capitale, et qui a, un peu timidement peut-être, commencé par en défendre le séjour aux lapins.

C'est un grand pas de fait ; mais M. Andrieux semble croire que c'est assez, et ici, je cesse d'être de son avis ; je citerai encore, toujours au bénéfice de la vente de nos almanachs, ce que j'écrivais sur ce sujet, en juillet 1848, en l'adressant aux Ledru-Rollin, aux Louis Blanc, aux Flocon, aux Caussidière, c'est-à-dire aux Gambetta, aux Ferry, aux Andrieux de ce temps-là :

*
* *

« ... La France ne veut plus permettre que les émeutes de Paris décident de la politique, du gouvernement et de tous les intérêts du pays ; la France est décidée à secouer le joug du « faubourg An-
» toine » ; il ne faut pas songer à déplacer le siège du gouvernement. Paris est et doit rester la capitale de la France, le séjour du luxe et des arts et le siège du gouvernement ; mais Paris est le salon, il faut le balayer et le tenir propre. »

Paris est une ville aujourd'hui où on vient de tous les points, faire ce qu'on n'oserait ou ne pourrait faire ailleurs. On en a fait une sentine, un égout, un « grand collecteur » des ordures du monde entier.

C'est un ridicule et dangereux contre-sens.

Pour procéder au nettoyage, il ne doit y avoir à Paris ni aucun galérien, ni aucun autre condamné libéré, ni persònne n'ayant notoirement ni un métier ou des moyens avoués d'existence ; l'admission et le séjour de tout citoyen à Paris doivent être soumis à un examen.

« Bien plus, et dans un autre ordre d'idées, tous les *ateliers dont l'industrie n'est pas nécessaire à la ville, ou à l'industrie desquels la ville n'est pas nécessaire*, doivent en être éloignés.

» Il faut que Paris donne des garanties à la France, il faut que le gouvernement ne puisse plus être enlevé par un coup de main, il ne faut plus que trente millions de Français attendent chaque jour la poste avec anxiété pour savoir ce que les gamins et « voyous » de Paris ont décidé sur leur sort, et quel gouvernement ils ont institué sur l'air des lampions. »

Et, plus tard, à propos des ateliers, je disais en poursuivant ma pensée du nettoyage nécessaire de Paris, et empruntant des renseignements précis et pratiques à mon cher frère Eugène Karr, ingénieur distingué, constructeur et directeur de forges pendant trente ans :

*
* *

« Les plus importants de ces ateliers sont les ateliers de construction de machines, d'outils, de wagons ; les fonderies, les forges, etc.

» Les matières premières qu'emploient ces industries sont la houille, le coke, les fontes *brutes*, les cuivres, les aciers, les tôles, les fers-blancs, les bois *débités*, etc.

» Or la houille et le coke viennent, pour la presque totalité, d'*Angleterre* et de *Belgique*. Les fontes viennent d'*Angleterre*, d'*Écosse* et de *Belgique*. Quant aux fers, ceux qui ne viennent pas de la *Suède* sont tirés pour la majeure partie des forges du *Berry*, de *Montataire*, de la *Basse-Indre* près *Nantes;* les aciers sortent des fabriques de la *Loire*, de l'*Isère*, de l'*Ariège* et de la *Savoie* ; les cuivres, de la *Russie*, de l'*Espagne*, de l'*Angleterre*. Les tôles et les fers-blancs en grande partie de l'Angleterre et de quelques fabriques françaises, presque toutes très éloignées de Paris. Les bois viennent de la *Suède*, de l'*Amérique ;* très peu des forêts françaises.

» Donc ces matières, pour venir à Paris, traversent une partie de la France, et arrivent chargées de la dépense de leur transport.

» Est-ce donc pour Paris que travaillent tous ces ateliers ? Non, à part de rares exceptions ; les produits fabriqués retournent, pour leur presque totalité, en se répandant dans tous les départements, aux extrémités de la France d'où sont venues les matières premières qui ont servi à leur confection.

Beaucoup de ces produits sont expédiés hors de France.

» Est-ce parce que les salaires des ouvriers sont à bas prix à Paris, que les fondeurs, les constructeurs, etc., s'y sont installés? Non, le prix de la journée de l'ouvrier y est nécessairement et notablement plus élevé qu'en province. Les terrains, même insuffisants, et les logements comme les vivres y sont beaucoup plus chers.

» Il y a donc un désavantage pour les industries installées à Paris, en face d'ateliers qui le seraient hors de Paris dans des villes rapprochées de la mer et des grands cours d'eau qui leur apporteraient à bien meilleur marché les matières premières, et remporteraient leurs produits confectionnés, etc., etc. »

*
* *

Plus tard, j'écrivis deux tableaux faisant « pendants », l'un de la vie difficile, anxieuse, effarée, besoigneuse, vertigineuse, de l'ouvrier à Paris; l'autre de la vie facile, abondante, paisible, heureuse, de l'ouvrier à la campagne. Et il en résultait clairement que, dans l'intérêt des industries, des ouvriers eux-mêmes des grandes villes et surtout de Paris, les grands ateliers, à *l'exception de ceux dont l'industrie est nécessaire à ces villes, et de ceux à l'in-*

dustrie desquels ces villes sont nécessaires, devraient être éloignées de ces centres, comme établissements *insalubres* au physique et au moral.

M. Andrieux a déjà renvoyé les lapins, c'est bien, c'est beaucoup, mais ce n'est pas assez.

Vous voyez que je ne me suis guère trompé, non que je sois plus habile qu'un autre, mais je vis retiré, je fais ma société habituelle d'un choix sévère entre les grands et immortels morts, j'ai le temps pour réfléchir, le sang-froid pour examiner, étudier et juger, parce que je ne mets rien au jeu qui se joue aujourd'hui ; donc, « prenez mes almanachs ».

***

Et je dis : O vous qui vous êtes laissé séduire par les nuances douces, suaves et tendres, rose, cerise, groseille, giroflée, qui vous êtes approchés de la cuve au rouge et vous êtes penchés dessus, vous y tomberez et vous y serez à la fois noyés et échaudés.

Au moment de la défaite de la Commune, les hordes hétérogènes vaincues se sont éparpillées : les unes se sont sauvées en Belgique, en Angleterre, en Suisse ; les autres sur des sièges plus ou moins élevés du pouvoir, des dignités, des situations rétribuées, d'où ils fusillaient leurs complices malheureux ou les envoyaient à Nouméa.

Ceux de Nouméa, ceux de Belgique, ceux de Suisse et ceux d'Angleterre sont restés assez rogues et triomphants ; on leur a payé à boire les premiers jours, mais on s'est peu préoccupé de leur donner ensuite à manger. Ils sont mécontents et ne le dissimulent pas.

Or l'époque où nous vivons n'est qu'un plagiat, une triste et ridicule parodie de 1792 et 1793, jouée par des doublures, et ces doublures sont de « ces esprits si stériles qu'il n'y pousse même pas des bêtises ; certes on y en voit, mais elles sont transplantées d'ailleurs ».

Ceux qui jouent les Marat, comme MM. Blanqui et Pyat, se plaignent amèrement et haineusement de ceux qui jouent les Danton, les Desmoulins, etc., et avec raison.

Voici que les anciens amis de M. Pyat lui font un procès. Est-ce ainsi que, lorsqu'il était question de journal, Danton se conduisait avec Marat ?

Ouvrez le livre du républicain Prud'homme, le *Miroir historique et politique*, au tome VI, page 260 ; vous lisez qu'en 1792,

« Le citoyen Marat a demandé au citoyen Danton, ministre de la justice, trois presses pour imprimer son journal de l'*Ami du peuple ;* le ministre lui a donné un pouvoir pour faire enlever de l'imprimerie nationale tout ce dont il aurait besoin. »

A la bonne heure ! voilà comment on se conduit

entre amis et comment on reste dans son rôle et dans la tradition.

*
* *

Mais M. Gambetta lui-même a-t-il lieu d'être tout complètement satisfait? Certes il voit avec « facilité le peuple se laisser manier et retourner, comme dit Montaigne, aux sons de la parole, sans venir à peser et cognoistre la vérité des choses ». Mais a-t-on fait pour lui ce qu'un contemporain de la première Révolution, historien enthousiaste, raconte que l'on fit pour Vergniaud?

« Vergniaud cesse de parler et descend de la tribune au milieu des applaudissements les plus furieux. Plusieurs centaines d'auditeurs se précipitent à la porte du club pour le voir sortir et le porter en triomphe ; mais il s'était échappé par une porte latérale.

» Alors que fait-on ? On se donne rendez-vous pour le soir à la Comédie-Française, pour offrir à l'orateur un témoignage au moins indirect de sympathie et d'admiration. La foule était compacte et cette partie du public fit une ovation, comme jamais actrice n'en a obtenu, à mademoiselle Candeille, maîtresse de Vergniaud. »

L'enthousiasme populaire aussi a bien dégénéré

ou du moins use de réticences, de périphrases qui accusent l'anémie.

Nos maîtres accidentels soufflent avec ardeur dans leur chalumeau et regardent avec joie la bulle de savon se gonfler d'air et grossir — ils admirent les brillantes couleurs qui s'étendent et nagent sur la surface. — Allons, soufflons encore, soufflons toujours... jusqu'à ce que la bulle crève et tombe à terre sous la forme d'une sale et fétide goutte d'eau de savon.

. . . .

Prenez mes almanachs.

Saint-Raphaël.

P. S. — Sur la route de la Corniche, en descendant pendant une heure dans un désert aride, au centre de hauts rochers, avec quelque maigre végétation dans les fissures, est une vieille église célèbre appelée le *Laghetto*; il y a là une dizaine de moines qui vivent assez pauvrement. Ce désert a longtemps appartenu à l'Italie, et l'église attirait une fois par an une telle affluence de pèlerins, des deux côtés de la frontière, que l'Italie supprimait pendant plusieurs jours tout exercice de police et de douane et laissait sa ligne de frontière complètement ouverte.

Ces huit ou dix moines dans un désert, ça n'avait pas l'air dangereux. Eh bien, il paraît que ça menaçait l'existence de la République.

Un commissaire, des agents, des serruriers, des gendarmes sont allés ouvrir les cellules et expulser les moines.

On parle, en même temps, de nouvelles « épurarations » dans la magistrature ; il est des époques sinistres dont parle un ancien philosophe, comme d'un « malheur souverain ».

« La justice sans force, et la force sans justice. »

LA JUSTICE SANS FORCE

ET LA FORCE SANS JUSTICE

L'homme, la moins naturellement armée d'entre les créatures, a dû, de bonne heure, avoir recours à l'association contre les lions, les ours, etc. Deux familles voisines, ayant les mêmes ennemis, exposées aux mêmes dangers, ont formé la première société. Une troisième, une quatrième sont venues s'adjoindre pour conjurer ces dangers, se défendre contre les mêmes ennemis, avec plus de certitude ; puis ce premier groupe s'est aperçu qu'il n'y avait pas à se défendre seulement contre les bêtes ; que d'autres hommes, ayant à plus ou moins de distance formé une autre société dans le même but, pouvaient prendre fantaisie un jour de passer certaines rivières, de franchir certaines montagnes et de venir moissonner le champ qu'ils n'avaient pas cultivé. L'association s'étendit, et ainsi se formèrent les nations.

La nation formée, on fit bientôt une autre découverte, c'est qu'il n'y avait pas d'ennemi qu'au delà de cette montagne et sur l'autre rive du fleuve, — qu'il y avait, parmi les associés, des paresseux, des violents, des affamés, des plus robustes, des plus adroits. Dès le premier coup de poing et de bâton reçu — dès le premier fruit volé — on pensa à s'assurer contre les robustes, les adroits, les inassouvis, les paresseux et les violents — encore à l'état d'exception, d'infinie, d'imperceptible minorité ; on fit des lois : les premières lois ne furent pas imposées, mais consenties et votées presque à l'unanimité, sauf celui qui avait donné le coup de bâton et celui qui avait volé le fruit. Les premières lois eurent la force d'une assurance mutuelle.

« Je consens à être tué si je tue, dépouillé si je vole, battu si je bats. »

Longtemps la peine du talion fut insuffisante, c'est-à-dire une seule et unique loi ; *patere quod fecisti*, souffre ce que tu as fait souffrir. A l'époque du progrès où l'on dit que nous sommes parvenus, nous possédons en France quatre-vingt sept mille cinq cent trente lois, et trente mille décrets, que tout Français est censé connaître, est obligé de connaître sous peine de se voir un matin criminel et repris de justice ; ces lois, consenties, promulguées, on ne pouvait laisser au lésé la faculté de les appliquer lui-même ; il eût été trop exposé à exagérer et le dommage et la répression ; on donna un corps à la justice, on institua les magistrats et les gendarmes.

* *

On demanda naturellement au magistrat la probité, certaines lumières, le désintéressement, le courage, etc. ; pour rendre plus facile, plus humainement possible l'exercice de ces vertus et de ces qualités, le plus simple bon sens suffit pour décider que le magistrat devait être souverainement indépendant, n'avoir rien à craindre, rien à espérer des méchants, des riches et des puissants. Aussi, depuis que les sociétés existent et qu'elles ont senti le besoin et le bienfait de cette assurance mutuelle appelée « les lois », tous les philosophes, tous les législateurs, tous les hommes de bon sens et de bonne foi, tous les honnêtes gens, ont, de tous leurs efforts, tendu à augmenter, à assurer cette indépendance, pour que le magistrat ne fût jamais l'homme du pouvoir ou de ses agresseurs, l'homme d'un parti, l'homme d'une coterie, ce qui serait le plus odieux et le plus dangereux des crimes, — pour ma part, je n'ai pas trouvé excessive la peine que Cambyse, raconte Valère-Maxime, infligea à un juge injuste, corrompu et prévaricateur, Otanès. Il ordonna de l'écorcher et de couvrir de sa peau le siège du tribunal où devait s'asseoir son successeur, — mais l'homme, le représentant, l'incarnation de la justice et de la loi : la loi parlante.

Le juge, dit Cicéron, doit renoncer même à l'amitié, *ponit personam amici qui induit judicis*.

« Sans loi, ajoute-t-il, aucun citoyen, aucune maison, aucune ville, aucune nation ne peut subsister, — le genre humain lui-même serait destiné à périr, *nec domus ulla, nec gens ulla*, etc. »

« Sans la justice, dit Charron, les Estats ne sont que brigandage.

» Le magistrat doibt défendre les petits, faire teste aux grands, et justice à tous.

» Aux commendements du souverain qui seroient contraires au droict, à la loy de Dieu et de la nature, il ne doibt obéyr, mais se démettre et quitter sa charge ; voire souffrire tout plus tost que d'y obéyr et consentir. »

Les jugements rendus ou commandés par le prince sont une source intarissable d'injustices et d'abus. Quelques empereurs romains ont eu la fureur de juger les différends de leurs sujets ; ils ont étonné l'univers par leurs injustices. « Claude, dit Tacite, ayant attiré à lui le jugement des affaires et les fonctions de la magistrature, donna l'occasion aux plus honteuses rapines.

En France, sous Henri II cédant à de légitimes et ardentes réclamations, il fut interdit aux magistrats d'aller à la Cour.

Les consuls, après les rois, se réservaient à Rome le jugement des affaires criminelles. Montesquieu fait remarquer que ce pouvoir, abandonné à des hommes qui avaient déjà la puissance militaire, était exorbitant et dangereux. La loi Valeria le leur enleva.

* *

Un des moyens le plus généralement adopté pour assurer l'indépendance des magistrats est l'inamovibilité.

Bentham, qui avait de singulières illusions sur le bon sens et l'esprit de justice du peuple et de la foule, quoi qu'il eût vu les sanglantes et horribles folies de la Terreur de 1793, penche pour l'élection à temps, par le « peuple », des magistrats et des juges. Cependant il admet des objections qui, si elles ne l'ont pas convaincu, sont fort capables de convaincre les autres :

« L'amovibilité porterait atteinte à l'indépendance du juge ; au lieu de consulter la justice dans ses décrets, il chercherait le moyen de plaire à ceux qui ont le pouvoir de le destituer.

» Il y aurait, dans l'élection, à s'assurer qu'on ne vote pas sous l'impression du moment.

» Je n'entends pas, ajoute-t-il, par opinion publique, l'opinion d'un jour ou d'une circonstance. Je n'entends pas la clameur qui s'élève dans une tempête, ni ce bruit vague et ce murmure incertain qui naît d'un mensonge adroitement répandu et légèrement cru. J'entends une opinion formée dans le calme et la réflexion, après que les hommes sages ont pu se faire écouter.

» Pour accepter la sanction populaire, il faut la mettre en état de résister à ces cabales qui prennent faussement son nom, et à l'imposture politique qui parle indûment au nom du peuple.

» Une autre objection, la chance d'être destitué par un caprice ou une cabale, éloignerait de la fonction de juge les hommes les plus capables de la remplir.

» Dans le cas d'amovibilité, il faudrait ne pas oublier que de tels emplois ne laissent pas l'homme dans l'état où ils l'ont trouvé, ni dans un âge où il puisse s'ouvrir une nouvelle carrière, il faudrait rendre les traitements perpétuels et inattaquables. »

Il ajoute : « Les juges, en Angleterre, étaient en place sous le bon plaisir du roi. Georges III, à son avènement, les rendit indépendants. Cette abdication d'un pouvoir arbitraire excita dans la nation la plus vive reconnaissance. »

*
* *

« Une seule sentence injuste, dit Bacon, est un plus grand mal que cent crimes particuliers : ceux-ci ne corrompent que les ruisseaux ; le juge, une seule fois inique, corrompt la source même. Un juste perdant sa cause devant un injuste adversaire est une calamité publique. »

« Quand le juge s'aperçoit que l'une des parties a trop de prépondérance sur l'autre par la violence et l'âpreté de la poursuite, par une cabale qui l'opprime, par la protection des hommes en place, etc., c'est alors qu'il doit donner une preuve sensible de sa sagesse et de son intégrité. »

Si le juge était élu par « le peuple », comme on le voulait en 1792, comme le désire timidement encore M. Cazot, le peuple dirait, en parlant de lui: mon juge trouverait mauvais qu'il ne lui obéît pas, qu'il ne partageât et ne protégeât pas la folie régnante, penserait qu'il peut défaire ce qu'il a fait et ne tenterait pas à le destituer. Quel homme honnête, loyal, digne, accepterait une situation aussi précaire ?

*
* *

Si l'on veut « réformer » la magistrature, ce n'est pas en diminuant n indépendance, mais en l'accroissant ; le juge, inamovible par en bas, ne l'est pas par en haut ; on ne peut le destituer, mais on peut lui donner de l'avancement ; à couvert de la crainte, il ne l'est pas de l'espérance. Pour que l'inamovibilité fût une complète garantie, il faudrait que le juge, une fois nommé, n'eût plus devant lui des degrés, des grades, mais seulement des fonctions, des missions variées, qui ne changeraient, dans aucun cas, rien à sa position ; tous les juges seraient égaux comme considération, comme titres et comme traitement, quels que fussent la position, le travail, la fonction dont ils seraient revêtus.

Mais vouloir supprimer la plus sérieuse garantie que puisse donner la magistrature, le vouloir faire à une époque aussi troublée, aussi agitée ; battre le briquet pendant une guerre acharnée et une épidémie régnante, quand les ruisseaux roulent du pétrole, quand les hommes sont en amadou, car c'est là notre situation, c'est unir la prétention la plus odieuse, à la plus absurde, à la plus monstrueuse des tyrannies, c'est préparer la France à une rechute en sauvagerie.

※

L'erreur du gouvernement représentatif est qu'on confond parlementaire et parlage, c'est qu'on tolère que des avocats nommés par des coteries, ou par leur obéissance à la folie du jour, jettent, comme Cicéron le reprochait à Caïus Gracchus qui s'en vantait, « du haut de la tribune, des glaives et des poignards au peuple ».

Notre époque, car on l'appellera une époque dans l'histoire, on ne saurait trop le redire, est une parodie de la Convention et de la Terreur. Les historiens qui sont en scène n'ont pas le droit de trouver injuste qu'on signale ce qu'ils font, qu'on prédise ce qu'ils feront même malgré eux, d'après ce qu'ont fait les hommes qu'ils se vantent de prendre pour modèles, — ces héros ainsi ont été plus d'une fois entraînés plus loin et plus bas qu'ils ne l'avaient prévu et voulu.

Le huit octobre 1789, un orateur disait à l'Assemblée nationale : « Un des principaux droits de l'homme est celui de jouir, lorsqu'il est soumis à l'épreuve d'une poursuite criminelle, de toute l'étendue de liberté et de sûreté pour sa défense qui peut se concilier avec l'intérêt de la société qui commande la punition des crimes. Une réforme entière de l'ordre judiciaire est nécessaire. »

Très bien, mais, de degrés en degrés, le 9 mars 1792, Jean Bon Saint-André et deux autres demandèrent à la Convention d'établir un tribunal jugeant sans appel les perturbateurs du repos public, pour punir les *crimes commis contre le peuple.*

« Il est nécessaire, dit Danton, que des lois extraordinaires prises *hors du corps social*, épouvantent les rebelles et atteignent les coupables. *Le salut du peuple* exige de grands moyens et des mesures terribles. »

Et, le 11 mars 1793, le tribunal extraordinaire fut établi ; douze jurés choisis sur une liste dressée par la Convention et votant en public et à haute voix.

Huit jours après, il rendait son premier arrêt, et on augmentait de quatre le nombre des aides du bourreau.

*
* *

Nous raconterons, dans un prochain chapitre, une partie des résultats de cette atteinte portée à la justice et à l'indépendance des juges, et nous montrerons ainsi où nous mèneraient nos maîtres du moment peut-être malgré eux, et à coup sûr victimes à leur tour de leur folie et de notre patience.

Supprimer l'inamovibilité des juges, c'est avouer la prétention d'exercer le despotisme le plus insolent et le plus mortel.

Après Claude, qui s'était emparé de la justice, comme je le rappelais plus haut, Néron trouva que c'était trop fort, promit de ne plus s'ériger en juge, et de rendre au Sénat ses attributions (*Annales*, livre XIII).

Les rois du jour ne se prétendront pas plus solides sur les pentes que leurs modèles qu'ils se vantent du reste hautement de suivre; on n'aurait qu'à leur rappeler leur engagement solennel et réitéré de ne pas prononcer l'amnistie plénière et tant d'autres circonstances où ils sont tombés dans des ornières conduisant à des précipices, — leur queue va en avant et les traîne.

*
* *

En feuilletant Bacon pour y retrouver ce que je transcrivais tout à l'heure, je suis tombé sur cette phrase :

« A trop allonger sa queue, on raccourcit ses ailes. »

Et que dire des gens qui n'ont pas d'ailes ?

A cette époque de démolition à outrance, il y aurait une bonne loi à restaurer, c'est celle de Salenque, que rappelle Démosthènes dans son plaidoyer contre Timocrate :

« Nul ne pourra proposer une nouvelle loi qu'en se présentant « la corde au cou », pour qu'on puisse l'étrangler immédiatement s'il conseillait quelque nouveauté contraire aux intérêts de la patrie. »

II

Ceux que l'agitation et le bouleversement ont amenés à la surface, comme les grains vides dans le van, comme la vase et l'écume sur l'eau, font une nouvelle tentative pour substituer de nouveau le scrutin de liste au scrutin d'arrondissement.

Cette tendance se comprend facilement : au lieu d'attendre à Paris le résultat des élections départementales avec une anxiété tempérée, il est vrai, par des intrigues, des manœuvres et des tricheries, grâce au scrutin de liste, ils envoient de Paris, aux chefs-lieux de département, les noms des députés qu'il leur plaît d'avoir, ils traitent les électeurs comme certaine marquise d'une petite comédie, *les Roses jaunes*, traite un époux auquel elle se vante d'être aveuglément obéissante :

> . . . . . . Mais lui dit chaque soir
> Ce que le lendemain il lui faudra vouloir.

Le scrutin de liste, c'est l'application en grand du

procédé qui, au temps de l'omnipotence aujourd'hui menacée de Mᵉ Gambetta, faisait, sur son ordre, élire à Lyon le Parisien Ranc dont les Lyonnais n'avaient jamais entendu parler, et à Paris le Lyonnais Barodet dont personne n'y soupçonnait l'existence.

Le scrutin de liste a encore pour les escamoteurs du suffrage dit universel cet avantage médiocre, qu'on fait parler les muets et pis encore à la faveur d'un nom ayant plus ou moins de notoriété ou de popularité qu'on met en tête de la liste.

Goutte-Noire ! connais pas ; Tartempion, je le connais, c'est un vaurien : je ne nommerai ni l'un ni l'autre.

— Ouais ! mais vous voulez Mᵉ Gambetta ?

— Oui… encore un peu.

— Vous voulez Emmanuel Arago ?

— Oui, à cause du nom.

— Eh bien, comme Goutte-Noire est sur la même liste que Gambetta, comme Tartempion est sur la même liste qu'Emmanuel, vous n'aurez Gambetta et Emmanuel que si vous nommez en même temps Goutte-Noire et Tartempion.

Le journal de Victor Hugo se prononce pour le scrutin de liste ; je rappellerai à ce sujet que, il y a quelques mois, j'ai publié dans le *Moniteur* une lettre de M. Thiers et une lettre de Victor Hugo, se prononçant tous deux résolument contre le scrutin de liste. En 1848, Victor Hugo se chargea de déposer sur le bureau de l'Assemblée nationale une protestation de cinq mille électeurs de la ville du Havre, refusant de voter désormais au scrutin de liste, qui leur avait indécemment escamoté le droit de choisir eux-mêmes leurs représentants, en leur imposant les candidats d'une liste faite à Paris et à Rouen.

*
* *

Mais revenons sur l'inamovibilité de la magistrature, dont j'ai commencé de vous parler l'autre jour ; voyons comme et jusqu'où les modèles et les saints de nos soi-disant républicains d'aujourd'hui ont glissé et sont tombés ; ce qui nous dira comment glisseront et jusqu'où tomberont, si on les laisse faire, leurs imitateurs dévots et plagiaires, en ajoutant à l'odieux une pointe plus accentuée de grotesque et de bouffon qui est leur signe caractéristique.

Certaines circonstances où la magistrature s'est montrée digne de son rôle avaient fait craindre aux maîtres de ce temps-là de se trouver à l'état où se trouvent les maîtres d'aujourd'hui, sous le coup de la décision de presque tous les tribunaux ; à savoir « un gouvernement repris de justice ».

Robespierre, le 15 août 1792, lut à la barre de l'Assemblée une pétition où il disait :

« La juste vengeance du peuple n'a pas encore été satisfaite; je ne sais quels obstacles invincibles semblent s'y opposer ; il faut au peuple un gouvernement digne de lui, il lui faut des *juges créés pour les circonstances ;* le peuple se repose, mais ne dort pas : il veut la punition des coupables, etc. »

Cette pétition amena le décret d'établissement d'une « tribune vraiment révolutionnaire », sous le nom de tribunal criminel du 17 août.

On mit la plus grande pompe dans l'installation de ce premier tribunal révolutionnaire du 17 août. Avant d'entrer en fonctions, les membres nommés du jury se présentent un à un sur une espèce d'estrade ; là, s'adressant au public, ils profèrent, l'un après l'autre, ces paroles :

« Je suis un tel, de telle section, demeurant dans tel endroit, exerçant telle profession. Avez-vous quelque reproche à me faire ? Jugez-moi avant que j'aie le droit de juger les autres. »

Cette forme empruntée des Grecs avait une sorte de grandeur théâtrale. Mais c'était une comédie, et le public n'osa pas réclamer contre un seul membre. C'est à ce tribunal que Fouquier-Tinville fit ses premières armes comme « directeur du jury ».

Mais, comme ce tribunal s'attardait à des « formalités » ; comme il avait acquitté certains accusés qu'on lui avait donnés non à juger, mais à condamner, il fut bientôt accusé et condamné lui-même, le 1er décembre 1792, et, le 16 mars 1793 remplacé par le « tribunal criminel extraordinaire ».

On était déjà exigeant, le tribunal du 17 août, dans sa courte durée de trois mois et demi, sur soixante-deux accusés, avait prononcé vingt-cinq condamnations à mort et dix-sept aux fers. Mais il y avait eu vingt acquittements, ça n'était pas ça du tout.

Ce fut Carrier, lors de ses débuts, qui proposa la création du nouveau tribunal ; la Convention en décréta l'établissement.

« Sans appel et sans recours au tribunal de cassation, pour le jugement de tous les traîtres, conspirateurs et contre-révolutionnaires. »

Cette désignation était large et donnait de la marge à la haine, à l'envie, à l'avidité ; malheur à qui a renvoyé un valet fripon, humilié un coquin, mécontenté un portier, excité l'envie d'un voisin ; le député Duhem, à la Convention, répondit à quelques observations : « Les tribunaux révolutionnaires sont encore trop bons pour des scélérats. » Nous voyons dans les listes des accusés et des condamnés :

Bestraux, médecin, dangereux par son esprit et son aristocratie.

Pignolet, ex-procureur, dangereux par son esprit.

Peuquenot père, dangereux par son esprit, son aristocratie et son bien.

Femme Richard, femme de l'ex-président Richard, guillotiné pour fait d'émigration ; elle est de la plus haute aristocratie.

*** n'a pas rougi d'avoir un frère contre-révolutionnaire et émigré, et montre peu de penchant pour les bienfaits réels de la Révolution.

Berger, imprimeur, méprisant ouvertement les autorités constituées.

Sauterive, sans attachement pour la Révolution, ci-devant noble.

Vougy, n'a pas paru attaché à la Révolution.

Fosset, n'a jamais rien fait pour la Révolution.

Balichard, ci-devant noble, froid pour la Révolution.

Veuve Chavancs, mère d'un fils *réputé* aide de camp de Verrin-Precy, dans les murs de ci-devant Lyon.

Moulin, pour avoir tergiversé dans ses opinions.

Femme Barbier, propos inconséquents.

Deligny, ci-devant officier, oncle d'émigrés, opinions trop modérées en faveur de la Révolution.

Barthélemy, égoïste.

Gauthier d'Auvilard, ci-devant noble et très modéré.

Grosbois fils, s'est montré froid pour la Révolution.

Champagny, dénoncé par le commissaire Lapalus, qui n'a pas donné de motifs.

Bonnabaud, avoué, propos inciviques.

Bros, notaire, réflexions inconséquentes.

Chavagnat, abbé, a donné asile à son parent, frappé par la loi.

Godinot de Saint-Haron, arrêté par le commissaire Givelon, qui n'a pas donné les motifs.

Duvaux, médecin, a dit qu'il ne fallait adopter la Convention qu'avec des restrictions.

Imbert, curé, n'a pas prêché en faveur de la Révolution.

Foudras de Noally, montre de l'attachement à ses titres de noblesse.

Deseigne, très suspect.

Geoffroy père, assistait rarement aux assemblées de la nation.

Lattard du Chevallard, soupçonné d'avoir commandé des muscadins.

Girardin, notaire, ne fréquente que des aristocrates qualifiés d'honnêtes gens.

Ytasse, architecte, ne fréquentait que ses pareils.

Voshen et sa femme, ont conservé le fol espoir de faire reprendre leur livrée à leurs gens.

Bergeron, marchand, blâme les sans-culottes de ce qu'ils abandonnent leur état pour s'occuper de la chose publique.

Vautier ; on a trouvé chez lui des tasses à l'effigie du dernier tyran et un chapelet.

Vachard, typographe, a dit qu'il ne prêterait le serment civique qu'après avoir vu comment la Révolution tournerait.

Angélique Jourdeuille, ayant son frère et son père frappés par le glaive de la loi.

Deville, a eu un frère guillotiné et s'est toujours montré insouciant pour la chose publique.

Le Picard, ami de Lafayette.

Veuve Lenoir, ne voit que des gens comme il faut.

Veuve Vieildeseng ; on a trouvé chez elle des preuves de féodalité.

Lavois-Lavolade, a mal parlé de Marat.

Adelaïde Saint-Chamans, âgée de quinze ans, beaucoup prononcée contre la liberté.

Jeune Lefortier, ex-noble, ne croit pas aux bienfaits de la Révolution, etc., etc.

***

Avec de pareils moyens de recrutement, il fallait beaucoup de prisons, quoique d'ordinaire on n'y laissa guère languir les prisonniers ; les « vainqueurs » et démolisseurs de la Bastille ne tardèrent pas à la remplacer par CENT QUARANTE ET UNE prisons seulement dans Paris.

Qu'on ne m'accuse ni d'infidélité ni d'exagération, je ne décris, je ne cite qu'avec les pièces sous les yeux.

Le marquis de Talaru était si totalement dépouillé qu'il avait dû louer son hôtel et se loger dans une mansarde, mais la Convention se chargea de son logement et le réintégra dans son hôtel qu'elle avait sous-loué au locataire pour en faire une prison, — il est vrai qu'on ne mit au service du marquis qu'une seule chambre, et qu'on la lui faisait payer dix-huit francs par jour, c'est-à-dire beaucoup plus cher que ne lui rapportait la location entière de son hôtel. — Ajoutez l'invention qu'on eut alors de faire payer par les riches, non-seulement la location de la prison pour les pauvres, mais aussi leur nourriture.

Marseille avait son « tribunal populaire » élu par le peuple ; le président l'avait inauguré en disant : « Ceux que vous avez choisis vous assurent que ni pitié, ni larmes, ni connaissances, que rien au monde ne pourra détourner leur justice ; ils rechercheront les ennemis de la liberté, et prononceront contre eux des sentences irrévocables. »

Mais Bayle et Baillet, commissaires députés par la Convention, arrivent à élever un autre tribunal, « tribunal criminel », en face du « tribunal populaire » ; il met en prison le président et l'accusateur public du tribunal populaire ; on déclare assassins et rebelles tous les membres de ce tribunal, on met hors la loi quiconque y a figuré, y compris les huissiers et les témoins, et on ordonne à tous les bons citoyens de leur courir sus.

Et trente-quatre têtes de juges, d'huissiers et de témoins ne tardent pas à tomber, et avec tant de précipitation que le président condamné ayant, par zèle, signé d'avance et en blanc des ordres d'exécution où il ne manquait que le nom des condamnés, c'est sur une pièce signée de lui-même qu'il fut envoyé à l'échafaud.

* * *

Puis apparaît le « comité des sabres » qui concurremment juge, c'est-à-dire condamne et exécute en appliquant aux exécutions des formes variées, par exemple, la tête écrasée avec une pierre, comme on fit à l'accusé Routi.

Villaret est guillotiné pour « avoir forcé un patriote à se porter à des voies de fait sur lui pour réprimer son esprit tyrannique et liberticide ».

A Marseille, un tribunal intitulé commission militaire, présidé par un nommé Leroi, qui, justement honteux de ce nom, avait adopté celui de Brutus, avait à juger un accusé traduit pour avoir fait à sa section une motion contre-révolutionnaire. Tous les témoins affirment que jamais il n'a fait de motion, ni n'a ouvert une seule fois la bouche à la section. Il va falloir l'acquitter, et Brutus a déjà, à son grand regret, commencé à prononcer l'arrêt d'acquittement ; mais Marseille aussi avait ses « tricoteuses » et ses « furies de la guillotine ». Une femme de l'auditoire demande la parole et dit que c'est en effet un autre qui a fait la motion incivique, mais que, pendant la motion, elle a vu l'accusé se frotter les mains.

Brutus s'arrête, « obéit à la voix du peuple » et prononce contre l'accusé un arrêt de mort.

Hérault de Séchelles proclame que « la force du peuple et la raison c'est la même chose. »

Aussi ces hordes si improprement appelées « le peuple » n'abdiquent pas même entre les mains des magistrats qu'elles ont élus, et par qui logiquement elles prétendent être obéis. On envahit les tribunaux, on ordonne aux juges de condamner : sur leur hésitation, on enlève et on massacre les accusés.

Payan accuse un de ses collègues d'être « formaliste en diable », et « d'exiger des preuves, comme les tribunaux de l'ancien régime » ; il demande qu'on le remplace par quelque « bon bougre à poil ». Le commissaire Javogne, le 10 nivôse an II, écrit aux citoyens composant le tribunal militaire à Feurs :

« Je vous défends de juger aucun criminel jusqu'à mon arrivée. J'ai vu, avec la plus vive douleur, qu'un noble tel que Magnent, qui possède des richesses immenses, a été déclaré innocent et relâché ; il faut que vous ayez perdu toute honte et toute pudeur pour blanchir des aristocrates aussi gangrenés. Des êtres aussi méprisables que certains d'entre vous ne sont pas faits pour le gouvernement républicain ; vous me répondez sur vos têtes de tous les prisonniers, vous n'êtes que des lâches et des injustes. Tâchez que mes oreilles ne retentissent plus de vos iniquités. »

*
* *

On comprend avec quelle rapidité, pour ne parler que de Paris, les *cent quarante et une prisons* ouvertes au nom de la liberté, par les vainqueurs de la Bastille », se trouvaient remplies, et combien la guillotine étant déclarée trop lente, en même temps que Collot-d'Herbois mitraillait à Lyon, que Carrier noyait à pleins bateaux à Nantes, on eut recours à Paris à un massacre général des prisonniers ; mesure qu'on commençait à imiter à Paris, quand entra dans la capitale l'armée « versaillaise » si attaquée, si vilipendée, si menacée aujourd'hui dans ses chefs, avec la protection évidente du Gouvernement.

*
* *

Si je rappelle aujourd'hui ces sanglantes et atroces folies, c'est que pour les imiter et les renouveler, il ne manque ni les acteurs ni les projets. Les « furies de la guillotine » pérorent dans les clubs, ne cachant qu'à moitié sous leurs jupes, seule preuve qu'elles sont des femmes, la torche au pétrole qu'elles ont conservées, et on cherche déjà les « bougres à poil ».

C'est pour montrer même aux frères qui ne savent

plus où ils vont, — et c'est alors qu'on ira loin, — comment certaines pentes sont glissantes et mènent aux abîmes par l'exemple des modèles que se proposent aujourd'hui nos révolutionnaires et soi-disant républicains.

En 1789, les députés envoyés de toutes les provinces apportaient des *cahiers* exprimant les vœux de leurs commettants.

Tous ces cahiers, sans en excepter un seul, veulent :

« Le gouvernement monarchique, l'inviolabilité de la personne sacrée du roi, l'hérédité de la couronne de mâle en mâle. »

Le projet de constitution consacre ces vœux de la France. Louis XVI est proclamé, par l'Assemblée nationale, « restaurateur de la liberté » et le peuple lui donne le surnom de « Notre boulanger », titre plus beau mille fois que celui de « grand » donné aux conquérants.

Puis on descend, et de degrés en degrés on arrive à guillotiner Louis XVI, et, « au nom de la liberté », à imposer à la France un despotisme plus odieux, plus atroce que n'en ont jamais exercé Néron, Caligula, Héliogabale et autres tyrans monstrueux, bêtes féroces empaillées par l'histoire dans son terrible musée tératologique.

On ne saurait trop avertir et les fous qui nous mènent et les moutons qui se laissent mener, qu'un des points les plus glissants de la pente est l'attaque à la justice.

Voyez où sont tombés vos modèles. Et ils partaient de plus haut que vous, car on comptait parmi eux, à l'origine, des hommes doués de talent supérieur qu'on chercherait en vain parmi vous. Et ils n'avaient pas, pour les avertir, l'exemple qu'ils vous ont laissé de la manière dont on descend de la vanité et de l'envie à l'ambition, et de l'ambition et de la peur d'être dépassés à la folie furieuse et à la cruauté.

Rappelons et répétons en finissant que ceux qui ont amené le second empire ne sont nullement ceux qui ont crié : « Vive Napoléon »! mais ceux qui ont crié : « Vivent Robespierre et Marat »!

MIEL DE GUÊPES

Il y a un peu plus de quarante ans, une coterie de soi-disant républicains et amis du peuple réunirent leurs lumières pour rédiger une « Charte de l'avenir », — je crus devoir porter à la connaissance du public ce projet qu'un hasard m'avait livré. Il s'agissait de moraliser et de régénérer la France en même temps que de donner des bottes aux grands citoyens qui en manquaient et étaient décidés à n'en pas gagner par le travail.

Cette charte supprimait le « sacrilège » en supprimant Dieu et la religion, le vol en supprimant la propriété, les tribunaux, la police, la gendarmerie, qui seuls constatent le vol, etc.

Et je résumai ce code en disant :

UNE SEULE LOI

Article unique

« Il n'y a plus rien. »

Les temps sont arrivés où devait se réaliser cette prophétie que beaucoup prirent alors pour une exagération facétieuse.

La liberté ? On n'a même pas celle de faire élever ses enfants d'après ses principes, ses idées, dans sa religion, selon sa morale, et par qui on veut.

L'égalité ? Une coterie « épure » l'administration, la justice, l'instruction publique, etc., c'est-à-dire chasse par des exécuteurs ou par le dégoût tous ceux qui ne sont pas affiliés à ladite coterie, des classes entières de Français se voient interdire certaines professions, notamment celle d'instituteur, etc.

La fraternité ? Ah ! oui, parlons de la fraternité. Sans compter la division du pays en vainqueurs et en vaincus. La moitié moins un de la population, subissant la volonté, les caprices, l'avidité, l'ineptie, la folie de la moitié plus un. Les vainqueurs se sont subdivisés au moment de la curée, les premiers arrivés trouvant que les morceaux ne sont pas assez gros pour les partager. Écoutez-les échanger les injures et les menaces, et, s'ils n'en sont pas encore aux coups, c'est que les histrions, qui jouent la parodie de 93, n'ont le tempérament ni de leurs modèles de cette époque, ni des émeutiers de 1830 et de 1848. Il n'y a plus de fanatiques, il n'y a plus que des altérés et des affamés. Très soigneux de leur précieuse peau, ne voulant pas du tout mourir pour une cause ou pour une idée, mais vivre et bien vivre, et « rigoler » ; et le hasard m'a appris dans le temps les cachettes qu'avaient déjà choisies les héros du parti pour le 17 mai, si le 16 mai avait eu un lendemain.

La fraternité ? Parlons encore un peu de la fraternité, parce que c'est le côté gai des choses, — frères ! Il semble, à les voir, que des enfants d'Adam, Caïn seul a eu la postérité. Quand, « ayant trop peur du jour, et pas assez peur du lendemain » les arrivés ont rappelé leurs « frères exilés », ils ont pensé à la faim cynique et à la soif exaspérée que ces gaillards allaient rapporter.

Il faut leur donner quelque chose, mais quoi ? quelque chose qui leur plaise, qui les amuse, et auquel les satisfaits ne tiennent pas beaucoup. J'ai comparé « l'opération contre l'Église à l'expédient qu'on prête aux matelots qui, sur un petit navire facile à chavirer, rencontrant, dit-on, une baleine, lui jettent des tonneaux vides pour « l'amuser » pendant qu'eux font force de rames ou de voiles. »

L'Église, voilà l'ennemi : sus à l'Église, nous vous la livrons !

*
* *

Mais les opportunistes se sont doublement trompés, — d'abord parce que cette guerre leur aliène à jamais une grande partie du pays, parce qu'après avoir attaqué l'Église, ils se sont trouvés obligés, par une conséquence fatale et imprévue pour des ignorants, de se mettre ainsi en guerre avec la magistrature et la justice. De plus, même ceux qui ne portent pas grand intérêt à la religion, une partie même des irréligieux s'inquiètent et s'irritent de voir un régime qui, sous prétexte de liberté, renouvelle le règne le plus insolent du bon plaisir et du mépris des lois.

Le second point sur lequel ils se sont trompés, c'est qu'ils ont cru leurs complices d'hier, leurs ennemis d'aujourd'hui, plus naïfs et de meilleure foi qu'ils ne le sont eux-mêmes, ils ont pris au sérieux les cris de *vive ceci* et de *à bas cela, vive la liberté, vive la République, à bas l'Église*, etc., comme si c'était un but, tandis que ce n'est qu'une échelle ; ils se sont dit : « Pendant que nous nous délectons des bons morceaux, on va leur jeter l'Église sur laquelle ils assouviront leur plus grosse faim, » et ils ont jeté l'Église aux assaillants, mais ceux-ci ont flairé la proie offerte, et ont dit : ça n'est pas ça.

En effet, c'était donner du millet et du chenevis à des loups, à des renards et à des chacals. Le millet, les Jésuites, le chenevis, les Barnabites, nous nous en fichons pas mal. C'est bon pour des canaris. Nous voulons les bonnes poulardes que vous mangez là-haut — ont dit les loups, les renards et les chacals — nous voulons vos places à table et le menu que vous vous étiez préparé.

Tous ce que les « satisfaits, » les « repus » comme les appellent leurs frères, ont pu imaginer et concéder, n'a eu d'autre résultat que ne laisser de plus en plus sentir auxdits frères l'arome des mets. C'est ce que fait un dompteur imprudent qui se laisse lécher par son tigre « apprivoisé » : la langue rude râpe la peau, fait venir à la surface le sang, dont l'odeur l'enivre, réveille les instincts et le met dans une furie qui ne peut plus se satisfaire qu'en mangeant son dompteur.

Voilà où en est la fraternité.

Un gouvernement ? Y a-t-il un gouvernement ? des ministres se succédant à chaque instant ou passant d'un ministère à un autre, ne sachant rien et n'étant d'accord en rien, si ce n'est à « émarger » le mieux et le plus longtemps possible ; un président de la République contrecarré, effacé, annihilé, je ne me permets certes pas de l'appeler « roi fainéant »,

mais cependant on ne peut nier l'existence d'un
« maire du palais » ; les préfectures tombées au
rang des plus petits métiers, etc.

Les temps sont arrivés, « il n'y a plus rien, » si
ce n'est M° Gambetta ; mais, de bonne foi, ce n'est
pas assez pour la gloire, la prospérité et le bonheur
de la France.

Chaque ministre est comme un de ces « tarets »
(teredo), de ces « gastrochènes », de ces « pholodes »
et autres « mollusques acéphales et térébraux qui
rongent la coque des navires et les digues au moyen
de petits « syphons charnus ».

M. Cazot (*teredo gregatus*, taret de compagnie)
ronge la justice avec l'aide de M. Constans (*teredo
clavus*, taret-serrurier), M. Ferry (*teredo plumiformis*,
le taret à plume) perfore l'instruction publique.

Et M. Farre qui n'est pas très fort (*teredo nanus*,
petit taret) applique de son mieux ses petits syphons
à l'organisation de l'armée.

Ah ! si ce général avait assisté comme moi, il y a
quelques jours, à une réunion où se trouvaient plusieurs officiers, il saurait précisément le degré d'enthousiasme qu'il inspire. Sa suppression des tambours, pour ne parler que de cela, est considéré par
les plus indulgents comme un acte de folie.

« Il y a, disait-on, des choses et de grandes choses qui ne se font qu'au bruit du tambour ; comment un homme qui a fait la guerre ne comprend-il pas la fièvre folle que donne la « charge » ?

On a appelé l'armée d'un peuple envahi se développant sur sa frontière, « une haie vive de poitrines que percent et trouent le canon et la mitraille, mais que répare le tambour en en comblant les vides ».

Il reste la marine ; les tarets y sont rares ; on n'a pu trouver encore, pour le ministère, le *teredo navalis* le taret rongeur et destructeur de navires. On cherche en vain jusqu'ici un Farre d'eau salée, un Farre de mer, et ni l'amiral Cloué, ni l'amiral Jauréguiberry ne sont propres à jouer ce rôle.

*
* *

C'est à ce sujet que j'ai aujourd'hui, à ma grande joie, quelque chose à louer. Je dis à ma grande joie, et c'est la vérité, car naturellement j'aime à admirer, j'aime à louer, j'aime à aimer, et ce n'est pas ma faute si j'en trouve de ce temps-ci aussi rarement l'occasion.

Oh ! la mer ! l'Océan, la mer verte, la Méditerranée, la mer bleue, qui de leur belle frange d'argent viennent caresser les rivages autrefois heureux de la France.

Oh ! la belle et noble et honnête et hardie race des marins ! C'est là qu'on trouve toujours la fraternité, parce qu'on a souvent besoin les uns des autres ; c'est là qu'on trouve des cœurs endurcis contre le danger et restés doux et tendres pour la famille. Tenant toujours leur conscience en règle, parce que ça peut toujours être demain, ce soir, dans une heure que l'on aura à rendre ses comptes.

Voilà des gens qui ne se laissent pas « gabber » par les hableurs et qu'on n'entraîne pas facilement à « chimériser » comme les *terriens*, et le nombre a été bien petit de ceux qui, en 1852, ont prêté l'oreille à la promesse que leur faisait les racoleurs, qu'aussitôt le neveu de l'empereur élu, les harengs qui, depuis 1815 et le départ de Napoléon pour Sainte-Hélène, avaient, en grande partie, abandonné les côtes de France, se feraient un devoir et un plaisir de revenir s'y faire pêcher.

En 1848, j'allai voir mes bons et vieux amis et compagnons les pêcheurs d'Étretat. « Eh bien! Valin, dis-je au syndic des gens de mer, que pensez-vous ici de ce qui se passe » ? Valin étendit ses deux bras en me montrant la mer et l'horizon : « Monsieur Alphonse, me dit-il froidement, que voulez-vous que ça nous fasse » ?

Et, en effet, ils n'ont guère rien à craindre ni à espérer que de la mer, du vent, de leur courage et de Dieu.

Le poisson mord à la « pelouse, » à la crevette, à la « rogue », etc., mais il ne mord pas aux palinodies, aux platitudes, aux bassesses, aux infamies, aux trahisons dont les politiques amorcent leurs *lignes, libourets, palangres*, etc., et leurs *filets*. Nos pêcheurs n'ont donc rien à faire dans la politique. Ils n'ont pas à se disputer, comme les « terriens », des portions, des carrés de mer entourés de murailles armées de verres cassés sur leurs crêtes, — la mer tout entière est aux plus intrépides et le poisson aux plus adroits, — elle est toute à tous et toute à chacun.

※
※ ※

M. l'amiral Cloué, en succédant à M. l'amiral Jauréguiberry, a dit loyalement : « Je ne viens pas détruire, mais continuer ce que faisait mon prédécesseur. »

C'est ce que nous n'avions pas vu depuis longtemps, par les séries de médiocres, d'incapables, d'impuissants qui se sont remplacés à ce qu'on appelle le Gouvernement de la P. R. (prétendue République), et qui, voulant faire quelque chose, ne songent qu'à casser ce qui leur tombe sous la main; parce que c'est plus prompt, plus facile, et ça fait du bruit.

Ces jours derniers a été publiée une circulaire adressée du ministère de la marine aux préfectures maritimes, et des préfectures maritimes aux commissaires de l'inscription et aux syndics des gens de mer. En voici quelques passages que je cite de mémoire ; mais à peu près textuels :

« Quoique le nombre des bateaux de pêche, le chiffre de leur tonnage, le nombre des marins embarqués, la quantité de poissons pris et livrés à la consommation augmentent chaque année, les informations qui me parviennent de différents points du littoral me portent à penser que l'industrie de la pêche ne reçoit pas partout une impulsion suffisante ; les officiers, fonctionnaires et agents préposés à la surveillance de la pêche ont à cet égard des devoirs à remplir, et je désire qu'ils usent de leur influence sur les pêcheurs au milieu desquels ils vivent, pour les engager à étendre, à perfectionner leurs pratiques actuelles dans leur propre intérêt, et en rendant leur profession plus productive, dans l'intérêt de l'alimentation générale et aussi du recrutement de la flotte. »

« Le chapitre 16, art. 5 du budget prévoit l'attribution de récompenses aux pêcheurs qui auront perfectionné les procédés de pêche, je suis décidé à user largement de cette latitude, en donnant des médailles, des gratifications aux pêcheurs intelligents, entreprenants, laborieux, hardis, assidus à la mer, et dédaigneux du cabaret et du café, pour les aider à perfectionner la construction de leurs bateaux, leur voilure, tous les gréements, ainsi que les engins de pêche, de façon à accroître le produit de leur travail, et aussi les aider à reconstruire leur matériel de pêche que des tempêtes ou autres événements de mer auraient détruits ou avariés. »

« Je vous engage à ne pas les perdre de vue et à me signaler les pêcheurs qui seraient réellement dignes d'obtenir une récompense pour leurs efforts et leur initiative pour le développement de la pêche côtière, etc., etc. »

Améliorer le sort des pêcheurs, en encourageant, en développant encore leurs qualités, faire de bons, habiles et hardis marins, c'est plus sage et plus utile que de leur faire apparaître des mirages décevants comme font les « amis mortels » des ouvriers, en leur donnant le dégoût du travail et pour les exploiter au bénéfice de leur vanité et de leurs appétits particuliers en leur faisant accroire qu'ils peuvent devenir riches et heureux autrement que par le travail et l'économie.

Il faut reconnaître que la marine fait disparate, et pour ainsi dire « détonne » dans la symphonie que jouent nos gouvernants.

En lisant cette circulaire, on se croirait en République.

Pourvu qu'on ne réussisse pas à trouver le Farre d'eau salée (*teredo navalis !*)

LE ROMAN COMIQUE

PIERROT EN DEUIL DE LUI-MÊME

Pourquoi Pierrot, conservant sa figure enfarinée, ne porte-t-il plus son vêtement blanc qui le faisait reconnaître de loin et composait une bonne partie de sa gloire ?

Je vais vous le dire.

Une troupe de funambules et d'acrobates a annoncé une *grrrande rrreprrrésentation*, leurs affaires ne vont pas trop bien, et si cette représentation ne suffit pas, il faudra déguerpir et aller chercher fortune ailleurs.

Cassandre, l'*impresario*, est à la porte et donne les billets. Il est censé le maître, mais personne ne lui obéit ; Léandre, Arlequin, Pierrot, Colombine, etc., se moquent de lui et lui imposent leurs trente-six volontés.

La représentation va commencer. Des comparses

habillés en Turcs, avec des soleils dans le dos, tendent sur les ais croisés qui la soutiennent la corde sur laquelle va faire ses exercices Arlequin, premier sujet et, pour le moment, coqueluche des titis et des anges du paradis ; puis ils étalent sur la planche, plate-forme d'où partent les danseurs, un lambeau de velours rouge usé et râpé. Trois autres comparses habillés en généraux composent l'orchestre : un cornet à pistons, un joueur de cymbales, une clarinette. Ils ne savent jouer qu'un petit nombre d'airs : *la Marseillaise* et *Ça ira*, *Où peut-on être mieux qu'au sein de sa famille*, et *Partant pour la Syrie*. Le choix est fait d'après le public et la mode du moment. Hier, ils jouaient l'air de la *Reine Hortense ;* avant-hier, l'air qu'on chantait à la rentrée de Louis XVIII, sous les balcons des Tuileries. Aujourd'hui, ça n'est plus cela : le public est aux airs révolutionnaires : le cornet à pistons et le cymbalier jouent *la Marseillaise*, tandis que la clarinette, qui est *plus avancée*, joue le *Ça ira*, en même temps et sans se troubler.

Colombine, qui n'est plus toute jeune, court-juponnée, maquillée, avec des accroche-cœurs luisants, doit chanter un air nouveau sur des paroles très légères.

Les titis demandent *la Marseillaise*, qui leur est accordée ; le cymbalier et le cornet à pistons jouent *la Marseillaise*, et la clarinette, le :

Ah ! ça ira, ça ira, ça ira,
Les aristocrates à la lanterne,
Ah ! ça ira, ça ira, ça ira,
Les aristocrates, on les pendra!

Arlequin, paraît, saute sur la plate-forme rouge, aussi lestement que le lui permet un embonpoint fâcheux que les titis lui reprochent d'une façon désobligeante ; cependant la claque applaudit et soutient qu'il est encore souple et léger. Il essaye du pied la tension, la raideur et la solidité de la corde ; il ne paraît pas content et jure à voix basse. Les Turcs, qui savent bien qu'en réalité, c'est lui qui est le maître, se remettent à haler sur la corde. Il leur accorde un sourire de satisfaction, et tout porte à croire qu'il parcourra brillamment toute la longueur de la corde. Léandre lui présente le long balancier qui doit assurer son équilibre ; Pierrot gratte de blanc d'Espagne la semelle de ses brodequins. Arlequin saisit le balancier des deux mains, et s'avance d'abord lentement et avec circonspection, faisant pencher le balancier, tantôt à droite, tantôt à gauche, selon qu'il penche lui-même et est menacé de tomber de côté opposé. Les titis applaudissent, et leur favori bat quelques entrechats. Ça va bien. Mais voici que Pierrot — les uns disent qu'il a bu, les autres qu'il est fou, quelques-uns qu'il est bête, d'aucuns qu'il est jaloux d'Arlequin, etc., — veut au moins partager les applaudissements ; Pierrot profite de ce qu'Arlequin, craignant de tomber à gauche, penche le balancier à droite, saute à l'autre extrémité du balancier, le saisit des deux mains pour le faire incliner résolument à gauche. Arlequin perd l'équilibre et tombe sur Pierrot, tous deux étendus sur le plancher. Les titis sifflent et jettent des pommes, veulent qu'on leur rende leur argent ; on baisse le rideau, les Turcs s'empressent de relever Arlequin. Pierrot se relève lui-même très éclopé ; Cassandre, obéissant à Arlequin, chasse Pierrot et lui reprend l'habit blanc. La dissolution de la troupe est prononcée ; chacun tire de son côté. Arlequin se fait dentiste en plein vent ; le cornet à pistons monte derrière son cabriolet, le cymbalier et la clarinette s'associent pour rédiger un journal politique et littéraire, d'un rouge panaché vin et sang, et en même temps ultra-anacréontique.

Quant à Pierrot, il se fait colleur d'affiche et vend le journal dans les rues. Comme Cassandre lui a repris l'habit blanc, il a endossé un vieux paletot noir retrouvé au fond d'une malle, voilà pourquoi, à cause des contrastes de ce vêtement sombre avec sa figure enfarinée, il a l'air d'être en deuil — en deuil, en effet, de sa gloire, de sa splendeur, en deuil de lui-même.

Cassandre, qui a fait sournoisement quelques

économies, joint, au petit revenu qu'elles lui donnent, le produit de la situation qu'il a obtenue de gérant responsable, d'homme de paille du journal du cymbalier et de la clarinette, journal qu'il ne lit jamais ni après ni avant l'impression, il s'est retiré aux Batignolles, et descend tous les soirs jouer aux dominos en savourant sa demi-tasse de café et applaudir, hélas ! presque seul, Colombine qui, fort « décatie » et obligée d'outrer le maquillage, chante des chansons grivoises dans un café de la localité auquel elle est imposée par « la presse », c'est-à-dire par le journal du cymbalier et de la clarinette.

. . . .

J'en étais là de ce récit véridique, lorsque arrivent des journaux de Paris. Ils racontent que le ministère est en dissolution, que la majorité de la Chambre, d'ordinaire si obéissante, s'est agacée, insurgée et a sifflé MM. Ferry, Farre, Constans, Cazot, etc., qui ont donné leur démission. Je craignis d'abord de ressembler à la corneille dont parle Virgile,

... Sinistra cava prædixit ab ilice cornix.

qui du creux d'un chêne vert prédisait des choses *sinistres* ou *gauches* — les commentateurs hésitent sur le vrai sens. Car ces sages Romains exprimaient par un seul et même mot et les malheurs et tout ce qui se faisait à gauche.

Heureusement je suis rassuré ; la majorité, effrayée de son audace, comme un canari qui s'est échappé de sa cage et s'empresse d'y rentrer le soir, à cause du millet et du colifichet qu'elle renferme, la majorité s'inclinant depuis le Jupiter rouge — *Jupiter miniatus* — a rendu un nouveau jugement contraire au premier. L'affaire s'est arrangée comme s'arrangea, au temps du gouvernement de Juillet, un duel resté célèbre. Harel, ancien préfet de l'empire, devenu directeur de théâtre et *Barnum* de mademoiselle Georges, avait appelé P. F... imbécile, et lui avait donné quelques coups de pied là « ou le Rhin perd son nom », comme disait Jacques Arago. P. F... envoya des témoins, et Harel leur dit : « Il est vrai que j'ai appelé M. P. F... imbécile ; il est vrai aussi que je lui ai donné quelques coups de botte au derrière, mais c'est sans aucune intention de l'offenser. »

L'honneur fut déclaré satisfait.

*
* *

C'est pourtant comme cela que ça finira un jour, la France ne se divisera plus qu'en deux camps : les uns indignés, haussant les épaules, les autres, riant aux éclats, tous poussant des huées ; et ces rires, et ces huées si formidables, si « tonitruantes », qu'elles rappelleront la clameur qui s'éleva, dit Plutarque, aux jeux Isthmiques, la première année de la cent quarante-cinquième olympiade. Cette clameur produisit une si violente compression de l'air, que des corbeaux qui passaient au-dessus du cirque tombèrent étouffés : — par un phénomène semblable, les fils qui soutiennent certains pantins seront rompus, et les pantins tomberont couchés et aplatis sur la terre ; puis, revenus de leur étourdissement, ils retourneront à leurs cafés, à leurs brasseries d'autrefois se disputer des demi-tasses de café et des chopes de bière aux dominos, au besigue, au billard ; les forts, ceux qui auront gardé des prétentions politiques, aux échecs, se racontant mutuellement leur rêve auquel ils finiront eux-mêmes par ne plus croire.

L'affaire est arrangée, cependant il y a eu « échec au roi », la Chambre, jouant le rôle du fou, a franchi trois cases, s'est interposée et l'a momentanément mis hors d'échec. Mais pour combien de temps ? M. Gambetta, dans le chemin souterrain et sombre où il s'est engagé, un rat-de-cave à la main, doit sentir que son rat commence à être bien consumé et à lui brûler les ongles, et qu'il n'est pas certain qu'il le conduise jusqu'au bout.

Depuis que j'existe, j'ai vu tomber plusieurs gouvernements, je les ai contemplés à terre, eh bien ! je dois à la vérité de dire qu'aucun de ces morts n'était aussi bas que le gouvernement actuel et encore vivant, et ce que quelques personnes naïves ou gaies, appellent encore « les hautes régions du pouvoir ».

C'est en politique surtout qu'il faut se défier de ses amis. On n'a aucune chance de savoir d'eux la plus petite vérité ; les ennemis, au contraire, avec des formes un peu âpres, avec certaines exagérations, certains partis pris peut être, peuvent être d'une grande utilité : en dépouillant les noix de leur brou amer, on trouve une amande ; en énucléant les invectives, les attaques des adversaires, on trouverait quelques vérités.

Ainsi, moi, par exemple, qui ne suis l'ennemi que des ennemis de la République, à savoir les soi-disant républicains, attristé de me voir en France, en temps de république, le seul républicain, je leur ai obstinément donné d'excellents conseils. Combien de fois leur ai-je répété cette grande et concise leçon de Jean-Jacques Rousseau : « Si vous voulez fonder une république, ne commencez pas par la remplir d'ennemis. »

Eh bien ! loin d'en tenir compte, il semble qu'il existe entre les détenteurs du pouvoir une ardente émulation pour agir en sens contraire, et qu'ils croiraient avoir perdu leur journée si le soir ils n'avaient *concilié* quelques centaines d'adversaires à l'ordre de choses qu'ils font semblant de vouloir établir.

Croyez-moi, il y a longtemps que je regarde agir les hommes et se succéder les choses, et que je les regarde avec le sang-froid d'un homme qui n'est pas au jeu, et n'a rien à en craindre ni à en espérer : il ne se fait en politique que des crimes et des sottises ; les habiles, les triomphants ne sont pas ceux qui feraient de grandes et belles choses, ce sont ceux qui savent profiter des sottises de leurs adversaires. En 1852, ceux qui ont fait l'empire ne sont pas ceux qui ont crié : « Vive Napoléon », mais ceux qui ont hurlé : « Vive Marat » ; il semble que chaque parti ne s'occupe que de faire les affaires des autres partis.

Cette inutile et ridicule guerre aux ordres religieux, qui a amené la guerre à la magistrature, est une telle ineptie que les adversaires de la République n'auraient jamais rien inventé de plus destructif contre la prétendue république sous laquelle nous vivons. Les soi-disant républicains ressemblent aux Troyens traînant eux-mêmes et introduisant dans leur ville par une brèche, le cheval de bois — *machina fœta armis* — qui détruira l'empire de Priam.

***

La dernière fois que j'ai vu le brave roi Victor-Emmanuel, c'est à Rome, peu de temps avant sa mort. Ce prince, qui m'honorait de quelque amitié, voulut bien causer avec moi de diverses choses, et assez longtemps ; entre autres, il me dit : « M. de Bismarck semble se fatiguer d'être heureux ; le voilà qui se fait des affaires avec l'Église. S'il m'avait vu ici à l'œuvre, il comprendrait le danger qu'il affronte. Heureusement pour moi, et, j'ose le dire, pour l'Italie, le Pape n'était pas méchant, et, au fond, lui et moi, nous nous aimions assez. Eh bien, s'il avait lancé contre moi l'excommunication majeure, — les églises fermées et tous les prêtres en grève, — je ne serais peut-être pas ici, et alors mes ennemis les plus acharnés, et probablement triomphants, eussent été les femmes. »

Comme ce prince, qui ressemblait beaucoup à notre Henri IV, était gai et permettait volontiers qu'on lui parlât avec une certaine liberté, je lui répondis: « Mais, Sire, cette hostilité des femmes m'étonne, vous passez pour avoir beaucoup d'accointances dans ce parti-là.

» — Mon ami, me dit-il, vous parlez d'autrefois, et il y a longtemps que nous ne nous sommes vus, mais soyez certain que ce que je vous dis est sérieux. »

*
* *

Terminons par une bonne naïveté de M. Ferry.

Le lendemain du jour où son portefeuille avait remué les ailes comme un hanneton qui va s'envoler, il disait hardiment aux représentants de la France, ce pays autrefois si spirituel et si gai :

« L'instabilité gouvernementale est mortelle au régime parlementaire, et la France ne peut se présenter devant l'Europe avec un ministère sans durée. »

C'est ainsi que Napoléon III, oubliant ses trois attaques contre l'ordre politique et la paix publique, dit un jour dans je ne sais plus quelle circonstance : « Je comprends *maintenant* que c'est un grand crime d'attaquer un gouvernement établi. » Maintenant — c'est-à-dire lorsque je suis ce gouvernement.

De même, M. Ferry aime, approuve, encourage et aide de son petit mieux les attaques aux ministères dont il ne fait pas partie, mais, une fois qu'il est arrivé, il ne voit pas ce que la France peut désirer de mieux ni ce qu'elle gagnerait à un changement.

Et c'est dans l'intérêt de la France qu'il se cramponne au ministère — et a trouvé l'autre jour « l'affaire des pichenettes sur son nez suffisamment arrangée ».

17.

SI.....

Si... moi qui si soigneusement et si obstinément n'ai jamais fait partie de rien — pensant avoir assez de mes propres erreurs, sottises, sans me rendre solidaire des erreurs et des sottises des autres ; si, par impossible, j'avais fait partie du Conseil municipal de Paris, j'aurais résolument voté pour l'admission du projet qui vient d'être rejeté par 33 voix contre 29.

A savoir l'érection d'un monument à l'honneur de la Commune, des voleurs, des assassins et des incendiaires.

Et j'aurais fait tous mes efforts de raisonnement et de faconde pour entraîner mes collègues à voter comme moi.

Il n'y a que trop dans toutes les villes de monuments qui surexcitent, exaltent la vanité des peuples, et les préparent à l'obéissance aveugle à l'égard de ceux qui savent exploiter cette vanité. Il suffit, disait Démosthènes aux Athéniens, qu'on vous appelle Athéniens couronnés de violettes, ιοστεψανοι Αθηναιοι, pour que vous exultiez de joie, restiez à peine assis sur vos sièges, et soyez pleins d'une confiance absolue et aveugle pour l'orateur.

Jamais roi, empereur, czar, khan, shah hospodar, manitou, etc., etc., etc., n'ont été empoisonnés et abêtis d'autant de flatteries que « le peuple » par les loups avides de son fromage ; à chaque pas, des colonnes, des arcs de triomphe, des « portes », des statues, des tableaux, des images à deux sous frappent les yeux, des poèmes, des vaudevilles et des chansons frappent les oreilles, et tout cela lui parle de sa gloire, de ses succès, de ses victoires, de ses vertus.

C'est surtout à une époque où le peuple est censé être roi qu'on se sent disposé à regretter la mauvaise éducation qu'il a reçue.

Son histoire, du moins celle qu'on lui enseigne, n'est qu'une succession non interrompue de victoires, de conquêtes, de grandes et belles actions, etc.

Personne ne lui parle de ses défauts, de ses erreurs, de ses illusions, de ses crédulités, de ses sottises, de ses faiblesses, de ses engouements, de ses malheurs, de ses misères, de ses défaites.

Aussi, lorsque le succès ne répond pas, et ne répond pas tout de suite à ses espérances, le peuple français, qui a de tout temps passé pour brave et pour guerrier, — pas de guerre sans un soldat gaulois, disait Jules César, *nullum bellum sine milite gallo*, est peut-être de tous les peuples le plus étonné, le plus abasourdi, le plus décontenancé, le plus effacé dans la défaite qu'il n'avait jamais prévue, — il ne va pas se battre, il va vaincre.

La furie française est historiquement célèbre et a passé souvent pour irrésistible ; on ne peut se dissimuler que c'est surtout contre elle qu'on a cherché et trouvé les armes à longue portée et la guerre à la mécanique qui suppriment la force, l'adresse, l'impétuosité, la *furia francese*, l'influence du regard ardent, résolu, fulgurant. Ce qui a obligé les Français de se faire et ils se sont fait bientôt un nouveau courage greffé sur leur ancien tempérament ; car avec la chance d'être tué par un homme qu'on ne voit pas et qui ne vous voit pas, on n'a de ressource que dans l'ἀνάγχη des Grecs, la fatalité. L'époque qui a vu naître la machine à coudre a vu naître les machines à découdre les hommes, la machine à tuer de loin, *eminus*.

Un des principaux défauts du caractère français est l'absence de mémoire. Tout ce qui s'est passé il y a six mois est oublié, ce qui s'est passé il y a six ans ne s'est pas passé et n'est pas arrivé ; c'est ce qui explique que le peuple français, avec tout son esprit, tombe si souvent et si bêtement dans les mêmes pièges : par exemple, il ne s'aperçoit pas que ses émeutes, ses révolutions n'ont pour résultat que de prendre sur ses épaules et de hisser au pouvoir de nouveaux *Bourgeois* qui, une fois arrivés et juchés, joueront exactement le rôle de ceux qu'ils remplacent, comme ceux-ci avaient joué, avant leur triomphe, le rôle de ceux qui devaient les remplacer.

Mais revenons aux monuments.

Victor Hugo, dans sa grande jeunesse, fit, contre la colonne de la place Vendôme, un quatrain que lui seul a oublié.

> Autour du monument...
> . . . .
> Si le sang qu'il coûta se pouvait amasser, etc.
> . . . .
> Et tu boirais sans te baisser.

Mais, en 1848, avant son accès de bonapartisme, il fit contre les futurs destructeurs de la colonne de la Grande Armée, ce monument respectable au moins par le sang qu'il a coûté, une bien éloquente et bien belle sortie ; comment est-il aujourd'hui rallié à ceux qui ont déboulonné le monument ?

Ces monuments qui racontent nos succès et nos conquêtes auraient besoin de voir leur influence contre-balancée par des monuments racontant nos revers et nos malheurs, nos engouements, nos modes, etc.; nous avons vu les chevaux en bronze de Saint-Marc, *conquis* par les Vénitiens et apportés de Constantinople à Venise en 1205, venir se placer à Paris sur l'arc-de-triomphe du Carrousel, puis retourner en 1815 se reposer sur l'église Saint-Marc à Venise ; leur place vide ne suffit pas à rappeler ce que coûtent, ce que valent et ce que durent les conquêtes ; une inscription sur le petit arc du Carrousel rappelant les voyages de ces chevaux en bronze qui ont fait plus de chemin qu'aucuns chevaux de chair et d'os, serait un enseignement bien salutaire.

Il y a dans Berquin une petite histoire assez touchante. Un enfant, avec cette férocité faite d'ignorance qui distingue un âge « sans pitié », a arraché les plumes à un oiseau qui s'était réfugié dans la maison ; son père a fait empailler l'oiseau, et l'a placé en évidence dans la principale pièce : chaque fois que l'enfant, qui s'est cependant repenti, manque non seulement d'humanité, mais encore de bonté et de générosité, le père le prend par la main et le mène en face de sa victime.

Eh bien! ce monument projeté par les amnistiés implacables de la Commune aurait eu pour excellent résultat d'empailler et de conserver les crédulités, les sottises, les engouements, les faiblesses, les misères du peuple français, de les lui remettre sans cesse sous les yeux et de ne pas lui permettre d'oublier ce que deux millions d'habitants ont laissé faire et se sont laissé faire par quelques centaines de fous, de vauriens, de chenapans, de « fripouilles » et de scélérats.

J'étais, certes, loin d'être contraire à une amnistie partielle. Je voyais au pouvoir et aux places grassement rétribuées, disons même à ce qu'on continue grotesquement d'appeler « les honneurs », ceux des complices des condamnés qui les avaient lâchement et opportunément abandonnés au bon moment, et les avaient jugés et condamnés ; si je voyais les uns « arrêtés au bagne à moitié chemin de la fortune et du pouvoir, je constatais que les autres avaient rencontré le pouvoir et la fortune à moitié chemin du bagne ».

L'indignité de ceux qui s'étaient mis au rang des vainqueurs, après la bataille où leurs alliés avaient succombé, militait puissamment dans ma pensée en faveur d'une certaine indulgence ; mais la plus simple justice jointe à la plus complète générosité et au moindre degré de bon sens indiquait de ne gracier que ceux qui, par leur conduite, auraient montré du repentir de leurs crimes, de la pudeur de leurs folies, et de leur demander tout d'abord une profession de foi constatant clairement leurs dispositions d'esprit et de cœur.

Mais, puisqu'on les a rappelés avec toutes leurs haines, toutes leurs rancunes, tous leurs projets de revanche, il eût été prudent de leur laisser du moins élever eux-mêmes ce monument qui, en rappelant ce qu'ils ont fait, avertirait de ce qu'ils prétendent, annoncent et espèrent recommencer.

Après la rentrée du gouvernement à Paris, j'aurais voulu qu'on laissât subsister jusqu'à disparition complète de la maladie et de la folie régnante, les monuments de la Commune; qu'un tableau fût placé sur les ruines conservées des Tuileries et des autres bâtiments incendiés, rappelant en peu de mots quand, comment et par qui, etc., etc.

On ne l'a pas fait, et on prend pour un succès de voir repoussé, par une faible majorité du Conseil municipal de Paris, le projet de monument en l'honneur des voleurs, des incendiaires et des assassins.

Le projet repoussé par le Conseil municipal, je voudrais le reprendre et le voir remplacé par un contre-projet que voici:

Sur chacun des monuments incendiés ou théâtre d'un des crimes de la Commune, une plaque de marbre noir, scellée dans la muraille, rappellerait le crime, sa date et ses plus horribles circonstances.

Sur les Tuileries, sur l'Hôtel-de-Ville, sur le Palais-Royal, etc., date et détails de l'incendie.

Sur la Banque de France:

« La Commune a volé à la Banque de France 16,625,202, francs, malgré l'énergique résistance et l'abnégation héroïque des employés de tous grades. »

Rue des Rosiers, à Montmartre : « Ici ont été assassinés les généraux Clément Thomas et Lecomte. »

Place Royale, à l'angle d'une rue : « Ici a été cruellement égorgé le commandant Sigoyet. »

Sur le n° 98 de l'avenue d'Italie : « Ici 13 dominicains ont été massacrés. »

Sur le mur extérieur de Sainte-Pélagie : « Ici le républicain Chaudey a été assassiné par Raoul Rigault. »

A la Roquette, la date et les noms des otages fusillés.

Sur l'église Notre-Dame-des-Victoires : « Cette église a été saccagée et pillée. »

Assassinat de Vizentini attaché sur une planche, jeté à l'eau et tué gaiement à coups de pierres, ce qui fait dire à M. de Bismarck : Les Français sont des Peaux-Rouges, etc., etc.

L'histoire de la Commune, écrite à jamais sur le marbre.

Et, sur une colonne, inscrite la bêtise criminelle des anciens traîtres et repus, complices des communards, qui, ayant trop peur de leurs menaces et pas assez de leurs complots, les ont ramenés triomphants.

Ah ! vous voulez des monuments !

si.....   307

*
* *

L'imitation de 93, la glissade et la *dégoulinade* annoncées vont plus vite encore que je ne l'avais dit. La magistrature n'est encore que menacée, et déjà un *bourgeois* dit à un tribunal : « Je ne vous reconnais pas le droit de me juger ; de par la souveraineté du peuple dont je fais partie, c'est moi qui suis le souverain, c'est moi qui suis le pouvoir et le gouvernement ».

Les journaux opportunistes appellent factieux les magistrats qui ne veulent que juger des gens qu'on leur donne à condamner.

Et à Blois, un nouveau procureur de la République, appelé Viardot, insulte le président du tribunal, déclare qu'il ne s'en rapporte pas à lui, et s'écrie : « J'en appelle au peuple qui jugera la magistrature assise. »

Le journal du président de la Chambre des députés menace de suppression, de mort, le Sénat qui montre un peu de dignité, et conséquemment de désobéissance.

Cependant opportunistes, socialistes, démocrates, intransigeants, blanquistes, partisans de Louise Tisiphone Michel, nihilistes, voyoucrates, qui s'injurient, se dévorent, échangent des paroles grossières et des vérités cruelles, se menacent, s'attaquent avec acharnement, se défendent mal, se dépècent, se mettent en loques et en menus débris.

Si bien que, au jour de l'avènement de la *vraie* République, il sera arrivé comme de ces rats affamés qu'on avait enfermés dans une cage et qui se traitèrent en nourriture réciproque, de sorte qu'en l'ouvrant on ne trouva que les queues.

Et alors, pour faire un président de l'arche sacrosainte, il faudra chercher à réunir, rassembler, recoudre, recoller les morceaux de républicains cassés, afin d'obtenir quelque chose comme des lambeaux de la culotte d'Arlequin.

Ah! si le ridicule tuait en notre pays, on n'en serait pas à se demander comment ça finira.

VINGT CONTRE QUATRE CENTS

I

Je ne sais qui a dit le premier que « l'histoire ne recommence pas » ; ce n'était pas l'opinion de Plutarque, et ce temps-ci nous doit ranger à son avis. On ne peut empêcher des histrions de jouer après les grands acteurs, je ne dirai pas *Cinna* et le *Misanthrope*, mais *l'Auberge des Adrets* et *Robert Maccaire* après Frédérik-Lemaître et Serre ; on n'a que la ressource de les siffler et de leur jeter des pommes cuites et autres, à moins, ce qui serait plus sage, que le public ne fasse baisser le rideau.

Les personnages que nous voyons parodient aujourd'hui les folies et les crimes de 1792 et 1793, — il est des cerveaux comme des terrains, si pauvres et si stériles qu'il n'y peut rien croître, pas même des sottises et des chardons, et que ce qu'on y voit a été transplanté d'ailleurs ; mais ces misérables plagiaires n'atteignent pas les tristes dimensions de leurs modèles qui étaient de grands fous, de grands coquins, de grands scélérats, ils font comme les acteurs trop petits qui mettent des jeux de cartes dans leurs bottes, ou comme les danseuses maigres qui achèvent de remplir leur maillot, grimaçant et plissé, avec de l'étoupe et du coton.

Les phrases creuses et ampoulées leur servent de jeux de cartes, et les sottises, les absurdités d'étoupe et de coton ; ainsi juchés et boursouflés, ils croient paraître grands et forts.

*
* *

En lisant la correspondance et les papiers trouvés chez Robespierre, on voit les complices d'alors se traiter le plus souvent avec un respect et une admiration mutuels de « vertueux citoyen », « citoyen incorruptible », « colonne », « pierre angulaire », « palladium », « phare », etc. Quand ils venaient à se disputer quelque chose, ça n'était pas comme aujourd'hui d'inutiles potins de portière ou de répugnants engueulements de descente de la Courtille, ils s'envoyaient mutuellement à l'échafaud.

Le champ où s'agitent et se trémoussent aujourd'hui nos soi-disant républicains, ressemble à ces jardins de la banlieue dont les propriétaires, mortellement ennuyés à la campagne, qu'ils font semblant d'aimer, plantent sur des piquets des boules de verre bleues, jaunes, vertes, qui représentent les figures de leurs amis et invités ridiculement allongées ou grotesquement élargies, avec cette différence qu'il n'y a pas besoin de boules de verre, qu'ils sont en réalité comme cela, et qu'ils ne font que s'éclairer mutuellement.

Un quasi ancien, saint Isidore, prétend que, lorsque la terre est gelée et n'offre plus aux loups même la triste ressource de remplir leur estomac, lorsque la faim les met aux abois, ils se réunissent en troupe et se mettent à courir en rond jusqu'à épuisement de forces ; le premier qui tombe est à l'instant même dépecé et dévoré par les autres ; puis on reforme le rond, et on recommence à courir, jusqu'à ce qu'un autre tombe à son tour et passe viande, et toujours ainsi jusqu'à ce que les survivants soient rassasiés.

Ce n'est pas tout à fait certain pour les loups, mais ce l'est incontestablement pour les pseudo-républicains.

*
* *

Suivons donc la parodie : nous venons de voir deux amiraux et un général dénoncés, calomniés, vilipendés, etc., c'est encore un plagiat !

Le général Westermann écrivait, le 16 septembre 1793, à la Convention :

« Il conviendrait de ne pas faire venir continuellement les généraux à la barre, sur la dénonciation du premier venu ; en les appelant à Paris, vous leur faites perdre leur temps et même leur bourse ; la confiance des soldats dans leurs chefs est la force des armées. »

Westermann fut en effet lui-même si bien et si souvent dénoncé, qu'il fut guillotiné en 1794. En entendant sa condamnation, il fit mine d'arracher son habit en disant : « J'ai reçu, au service de la République, sept blessures par devant, on peut les voir encore saignantes ; on aurait dû au moins attendre qu'elles fussent cicatrisées. »

Robespierre, qui méditait de se saisir du pouvoir absolu, attendait que ses complices eussent fait assez de sottises, de folies et de crimes. « Le plan de Robespierre, « dit Courtois dans son rapport à la Convention dans le langage emphatique à la mode alors comme aujourd'hui, « était, lorsque tout serait détruit, de paraître tout à coup comme le rayon vivifiant après l'orage, comme la divinité bienfaisante qui descend pour sauver le monde près de sa perte. »

N'est-ce pas ce que fait M⁰ Gambetta, qui refuse le pouvoir ministériel et attend ?

Mais vous le voyez à Cherbourg prendre avantage sur le Président de la République, usurper les hommages ineptes de la foule, aller, pendant que M. Grévy dîne ou dort, faire des discours en cabriolet et dans les tavernes, se séparant et du président et des ministres, pour se mettre seul en vue.

*
* *

Eh bien, lisez dans le républicain Prud'homme le récit de la fête de l'Être-Suprême, supprimé pendant quelque temps par les Ferry et les Cazot de ce temps-là, qui, avec Anacharsis Clootz, décidaient qu'« il n'y a pas d'autre Dieu que la nature ». Idiots ! appelez Dieu nature, mais adorez-le !

« Tous les membres de la Convention, dit Prud'homme, avaient des habits bleu-de-roi. Celui de Robespierre était d'un bleu plus clair, de manière à être distingué de tous ses collègues. Il portait d'ailleurs un bouquet trois fois plus volumineux que ceux de tous les autres membres. »

On ne peut nier l'identité du procédé...

Allons donc ! s'écrie un lecteur effarouché, vous exagérez, M. Gambetta n'est pas un Robespierre !

Je le sais bien ; mais Robespierre non plus n'était pas « un Robespierre » à une certaine époque de sa vie, il n'aurait pas certes manqué de se récrier et beaucoup se seraient récriés avec lui, si on lui avait prédit ce qu'il devait devenir et faire plus tard.

Qui sait où l'on va, quand on marche au hasard des circonstances, ce qu'avouent naïvement et cyniquement les opportunistes?

… Quand on ne sait pas où l'on va, on va loin.

⁂

Il est bon d'enregistrer un aveu étrange :

Selon nos dieux du moment et les journaux qui leur servent d'organes, la République aurait d'innombrables ennemis ; tous les prêtres, presque tous les magistrats, beaucoup d'avocats, beaucoup de généraux et d'amiraux, beaucoup d'écrivains, de philosophes, de penseurs, beaucoup de députés et de sénateurs, tous les légitimistes et royalistes, tous les bonapartistes ; et écoutez ce qu'on dit dans certains clubs et certaines réunions, il y faut ajouter tous les bourgeois et tous les patrons, tous les riches, tous les nobles, un très grand nombre de fonctionnaires qu'on a destitués, un nombre aussi grand dont on exige la destitution et demande la place.

A ces ennemis si nombreux, les intransigeants et les socialistes ajoutent les opportunistes et les repus ; tandis que ceux-ci rangent au nombre des ennemis de la République ces mêmes intransigeants, socialistes, etc.

Si on additionnait tous ces ennemis, on pourrait ne plus même retrouver le nombre des suffrages qui a proclamé la République, la moitié moins un, et montrer les partisans de ladite République en forte minorité.

Or, pour qu'un changement radical de forme de gouvernement soit légitime et ait quelque chance de durée, il faudrait qu'il fût accepté par l'immense majorité des citoyens et ne fût repoussé que par une minorité infime ; autrement, le pays se trouve partagé en deux peuples à peu près égaux ; un peuple de maîtres et de tyrans, un peuple d'esclaves et d'ilotes.

Et, en tous cas, puisque la République est déclarée, du moins devrait-elle être mixte, tolérante, ouverte, appelant et accueillant les dissidents, objets de ses prévenances et de ses câlineries ; de même que la royauté revenant devrait se préoccuper des républicains (je suppose pour un moment qu'il y a des républicains, en France) et des libéraux, et ne pourrait être qu'une royauté constitutionnelle et libérale.

Ce n'est pas ainsi que se conduisent, si on peut appeler se conduire être mené par le hasard, par ses appétits et ceux des autres, nos soi-disant républicains. Ils semblent s'étudier à froisser, à blesser, à irriter, à dégoûter. Déjà en 1848, dès les premiers jours de la révolution, j'écrivais à Lamartine : « Il est temps de défendre la République contre M. Ledru-Rollin. » Dès lors, en effet, Ledru et ses amis voulaient que la France fût républicaine malgré elle. Ceux qui venaient se rallier à la République, et qu'on appelait dédaigneusement et haineusement les « républicains du lendemain », leur semblaient des ennemis venant demander leur part du butin et de la curée. Ils semblaient une mère, vieille coquette, pressée de se défaire de sa fille, qui ne la croit bien faite et bien « mise » que si son corset la gêne et la met à la torture.

II

A vrai dire, les doublures et les plagiaires de 1793 n'ont inventé que l'incendie de Paris ; c'est quelque chose, et ils s'en vantent aujourd'hui dans leurs réunions et aux enterrements civils. — Pour tout le reste, ils suivent servilement et assez médiocrement les traces de leurs modèles : l'assassinat des otages était une copie timide des massacres des prisonniers sous la première Terreur.

Ils n'ont pas été les premiers à élever, sous prétexte des intérêts du « peuple », qu'ils minent et rendent misérable, des prétentions folles qui font dire aux naïfs qui les croient réellement les délégués des ouvriers : « Que demande la classe laborieuse ? Elle demande à ne pas travailler. » Le mot « travailleur », que Victor Hugo a eu la faiblesse d'adopter, ce mot lui-même n'est pas de leur invention ; on le trouve dans une note de frais après le massacre des prisons, on y donne ce nom euphémique aux principaux égorgeurs, auxquels on alloue une indemnité pour prix de leur *travail*.

Je citais dernièrement la condamnation d'un nommé Bergeron, « très égoïste, suspect, blâmant les sans-culottes de ce qu'ils abandonnent leur état pour ne s'occuper que de la chose publique ».

La femme de Duplay, le menuisier chez lequel logeait Robespierre, écrivait à sa fille, après le 9 thermidor :

« La scélératesse est à son comble. Voilà où nous en sommes, et votre père a été obligé de reprendre son état[1] ».

Les anciens déjà disaient : « Il est plus facile de parler et de solliciter que de labourer. » *Facilius orare quam arare.*

Je lisais l'autre jour dans un journal socialiste et intransigeant que, pour une réunion à la salle Lévis, à Paris, des drapeaux rouges et des écussons également couleur de vin, de sang et de feu, portaient, écrits en lettres noires, les noms glorieux de Raoul Rigault, Ferré, Varlin, etc. En rapprochant cette manifestation de l'enlèvement des croix, crucifix, etc., dans les écoles et ailleurs, je m'étonnais qu'on s'en tienne là. Ne rougissez-vous pas d'être ainsi en retard sur vos modèles. En 1793, on enleva toutes les vierges des niches où elles étaient aux coins

---

1. Rapport de Courtois. — Papiers trouvés chez Robespierre, liasse VII.

d'un grand nombre de rues et où la piété populaire entretenait une lampe allumée et des fleurs fraîches. On laissa les lampes et les fleurs, mais les vierges furent remplacées par des bustes de Marat. Les bustes de nouveaux saints du calendrier révolutionnaire tarderont-ils beaucoup à remplacer les croix et les crucifix ?

En 1871, on a bien un peu saccagé et pillé l'église Notre-Dame-des-Victoires ; mais c'est encore une bien pâle copie des hauts faits des grands modèles de 1793.

Parlez-moi du sac de l'église Sainte-Geneviève en 1793 ! Des citoyens vraiment pratiques mirent la main sur la châsse de sainte Geneviève ; cette châsse était célèbre, et non seulement l'objet d'une grande dévotion, sainte Geneviève étant la patronne de Paris, mais un contemporain raconte qu'il a vu jusqu'à cinq et six cents cierges brûler devant elle à la fois ; mais elle méritait l'attention des orfèvres et des voleurs, par les richesses dont elle était ornée ; une femme aurait succombé sous le poids des perles ou diamants et autres pierres précieuses.

De prétendus patriotes brûlèrent la châsse sur la place de Grève, mais Prud'homme avoue qu'on ne ravit et ne porta à la Monnaie qu'une très petite partie des diamants et des pierreries ; « on eut soin, dit-il, de mettre de côté de quoi acheter des propriétés nationales pour plusieurs millions. »

A bientôt l'épuration définitive du ciel, la déchéance de Dieu, les théophilanthropes, le culte de la raison, etc., dont je parlerai un de ces jours, l'athéisme déclaré religion officielle nationale et... laïque, et un certain nombre de folies et sottises les unes simplement bêtes, les autres criminelles et bêtes.

Puis maître Gambetta, pensant la chose mûre, amnistiera Dieu, décrétera la reconnaissance de l'Être-Suprême et l'immortalité de l'âme.

A moins que Dieu, que nous avons fatigué par notre sottise, ne nous pardonne et se remette à protéger la France.

Une citation de Tite-Live.

« Un envoyé des Privernates, interrogé dans le Sénat de Rome, répondit : Notre fidélité sera sincère et perpétuelle si vous nous accordez une paix et des conditions honnêtes et douces ; il n'en sera pas de même si vous nous imposez des conditions dures et humiliantes, car ne croyez pas qu'un peuple ou un seul homme reste dans une situation qui l'afflige plus longtemps qu'il n'y sera contraint par la force, *diutius quam necesse sit*. »

Courtois, dont j'ai déjà parlé plus d'une fois ainsi que de son rapport à la Convention, répondait, dans ce rapport, à une question qu'on s'adressait alors et qu'on s'adresse encore aujourd'hui (je cite textuellement) :

« ... J'ai entendu plus de mille fois, dit-il, des patriotes faire cette réflexion : comment une cinquantaine de brigands peuvent-ils terrifier des millions d'hommes et des Français ?

» On peut répondre ainsi :

» Vingt brigands se sont attroupés au coin d'un bois pour dévaliser les voyageurs ; quatre cents de ces derniers passent par là, mais par compagnies de trois ou de six ; ils sont tous dévalisés les uns après les autres ; ils étaient cependant quatre cents contre vingt.

» C'est l'indolence qui a livré nos destinées à ces *hommes coupables*, etc. »

Courtois était conventionnel et avait voté la mort de Louis XVI. Son opinion, qui est à méditer, est cependant que si quatre cents voyageurs prenaient le parti d'entrer tous ensemble dans le défilé où les attendent vingt brigands, que s'ils venaient cent, que s'ils venaient quarante, que s'ils venaient vingt, il leur serait facile de pendre les vingt agresseurs ou du moins de les reconduire avec des bâtons ou des verges empruntés aux arbres de la forêt, où ils se laissent bêtement dévaliser et étrangler en s'obstinant à passer quatre par quatre.

Ce qui, pour les pacifiques comme moi et mes lecteurs, se peut traduire par une question d'entente et de scrutin, en rappelant que le législateur Solon punissait sévèrement tout citoyen qui, dans une sédition ou trouble public, ne descendait pas dans la rue prendre parti, et prétendait rester simple spectateur, en répétant une fois de plus ce que je prêche depuis 1848, que le suffrage dit universel, s'il n'est pas au moins rigoureusement obligatoire comme le service militaire et l'impôt, est toujours une arme laissée à la disposition des ambitieux et des intrigants.

CORRESPONDANCE IMPRÉVUE

Je reçois une lettre singulière, étrange, — sans me prononcer sur la valeur ni sur le sérieux de cette épître, ni sur le degré de confiance qu'elle peut mériter, je pense qu'offrant une solution au moins apparente et une explication nouvelle, l'énigme bizarre dont la curiosité publique s'est occupée depuis quelques jours, elle peut avoir quelque intérêt ou offrir un amusement à vos lecteurs, — quelque étrange d'ailleurs que soit la solution, elle ne l'est pas davantage que l'énigme qu'elle prétend expliquer, — la voici sans commentaires.

A M. Alphonse Karr, auteur du roman Agathe et Cécile.

Je vous dirai tout à l'heure, Monsieur, pourquoi j'ajoute à votre nom ce titre d'un de vos vieux romans, au lieu de vous appeler, comme on le fait souvent, auteur des « Guêpes », ou de « Sous les tilleuls », et de « la Pénélope normande » etc., etc. — Je vous dirai en même temps pourquoi j'adresse cette lettre à vous plutôt qu'à tout autre, et ma réponse sera la même à ces deux questions que vous êtes en droit de me faire.

Permettez-moi de commencer par parler de moi.

Je suis un de ces magistrats qui, sans haine pour la forme de gouvernement appelée République, s'y sont résignés sans efforts, pensant que la justice est une, est la condition nécessaire de tout gouvernement, de toute société, et que les changements, modifications, révolutions ne peuvent l'atteindre.

Mais je suis aussi un de ceux qui, voyant clairement que le nom de République est un leurre, que le régime qu'on prétend imposer à la France, non seulement n'a rien de l'idée républicaine, mais menace la société, comme vous le disiez dernièrement, d'une « rechute en sauvagerie », ont cru qu'il n'était ni de leur conscience, ni de leur raison, ni de leur honneur de concourir à ce carnaval et à cette ruine, et de faire partie des masques qui jouent si mal des rôles prétendus politiques, historiques, etc., etc.

En un mot, Monsieur, je suis un magistrat démissionné et, comme bien d'autres, j'ai, dans un âge déjà avancé, j'ai soixante-trois ans, abandonné une carrière honorablement parcourue, j'ose le dire sans crainte d'être démenti, et je me suis retiré à mon petit, étroit et pauvre foyer.

Un vieux magistrat est comme un vieux soldat, il ne se désaccoutume pas facilement des occupations qui ont occupé sa vie, — la lecture, mon petit jardin, ne me suffisent pas tout à fait — semblable au vieux soldat dont je vous parlais tout à l'heure, qui va chaque matin voir défiler la parade, exercer les conscrits, et écouter les tambours si sottement supprimés, je suis avec application les causes civiles et criminelles qui se présentent devant les tribunaux, je les évoque à mon propre tribunal, je m'efforce de discerner la justice et la vérité, et je rends au coin de mon feu des jugements qui ne sont pas toujours conformes à ceux que rendent les successeurs que le sieur Cazot nous a donnés.

On s'est beaucoup occupé d'une lettre bizarre écrite par un bas-bleu rouge appelé madame Grault, lettre dénonçant M. Émile de Girardin comme « le chef des espions prussiens en France », — on s'est demandé quel était le but de cette accusation, la seule peut-être qu'il soit tout à fait absurde de porter contre le fameux publiciste, — quelle cause a pu faire choisir parmi tant d'autres qui auraient eu au moins de la probabilité aux yeux du public, une accusation qui ne repose sur rien et rappelle celle qu'un magistrat avouait redouter, quelque absurde qu'elle fût, à savoir l'accusation d'avoir volé les tours de Notre-Dame.

J'ai lu, à ce sujet, le plus grand nombre de journaux qu'il m'a été possible de me procurer dans le hameau où je me suis retiré et, à ma grande surprise, je n'ai trouvé dans aucun le mot de l'énigme.

Le plus grand nombre accusent madame Grault de maladie, d'hystérie, de folie, etc., — quelques-uns parlent de haines politiques dont elle serait l'instrument, un petit nombre veulent insinuer que l'accusation tout insensée qu'elle paraît, ne doit cependant pas être mise à néant, et qu'il n'y a pas de fumée sans feu, etc.

Je vous avouerai, Monsieur, que je comptais un peu sur vous, et que j'ai fait chercher le *Moniteur* en espérant que la vérité allait enfin paraître ; car ce n'est pas seulement à cause d'un certain esprit que vous prêtent quelques personnes, à cause d'un certain bon sens que vous attribuent certaines autres personnes que je m'attendais à vous voir élucider la question, ce n'est pas l'auteur des guêpes, que je consultais, c'est l'auteur « d'Agathe et Cécile ».

Vous souvient-il de ce roman qui date d'aussi longtemps ?

Eh bien, monsieur, l'auteur d'*Agathe et Cécile* ne devait pas être dupe de la plaisanterie, de la mystification dont la lettre de madame Grault a été la manifestation.

Parce que vous avez fait jouer à un des personnages de ce roman, un certain Clodomir, précisément le rôle qu'a joué dans la circonstance actuelle le véritable auteur de la lettre dont M. de Girardin a fait semblant d'être indigné, et dont presque tous les députés, presque tous les journaux, presque tous les lecteurs, vrais moutons de Panurge, se sont indignés à son exemple et à sa suite.

J'ai été longtemps juge d'instruction, Monsieur ; lorsque j'ai donné ma démission au sieur Cazot, j'étais procureur de la République, après avoir été procureur impérial et procureur du Roi, — j'ai, dans ces fonctions honorablement remplies, acquis et perfectionné un certain tact qui me rend plus facile qu'à bien d'autres de discerner la vérité au travers des nuages et des brumes dont les coupables essayent de la voiler.

Parlons de votre Clodomir.

M. Clodomir de Pontaris, une sorte de bohème sans fortune, sans état, s'est insinué dans une famille honorable ; il est devenu l'ami du mari et l'amant de la femme, passe six mois de l'année à la campagne, dans leur château, et est leur commensal actuel à Paris pendant les six autres mois.— Un jour il trouva madame Cécile Regnold émue, épouvantée, — quelqu'un, une femme de chambre renvoyée; lui a adressé une lettre menaçante, — elle écrira au mari les détails d'une intrigue dont elle a été la confidente nécessaire — madame Cécile est perdue, — elle parle de s'enfuir, de se tuer, etc.

Clodomir, qui est un homme fort, la rassure, et lui dit : « Je me charge de détourner le danger, fiez-vous à moi et reprenez tout votre calme. »

Deux jours plus tard, il trouve madame Cécile plus épouvantée que jamais. — Albert a reçu pendant le déjeuner une lettre dont la lecture l'a fait pâlir, il l'a relue plusieurs fois, puis il s'est levé de table sans achever de déjeuner, il est, depuis, sombre, taciturne, agité, il jette sur elle des regards investigateurs, défiants, irrités, enflammés, il n'y a pas de doute possible, la misérable femme de chambre a effectué sa menace, Albert sait tout.

— Il sait beaucoup plus que tout, répond Clodomir, et c'est ce qui nous sauve : voici ce que contient la lettre qu'il a reçue.

« M. de Pontaris est un traître et un chevalier d'industrie, son vrai nom est Cagnard, il a été quelque temps employé en qualité de caissier dans la maison de banque de M. Darcet, à Paris, rue du Ponceau, 72, il en a été chassé pour de nombreuses infidélités.

» Il doit 2,000 francs gagnés au jeu en trichant à M. Frolliny — ce M. Frolliny demeure rue de la Chaussée d'Antin, n° 11, — il n'a fait grâce à M. Clodomir que sur la promesse écrite de lui rembourser les 2.000 fr. volés, ce qu'il n'a pas encore fait.

» Ce n'est pas tout, — ce qu'il y a de plus affreux c'est qu'il vous trahit de la plus horrible manière, il vous trahit dans votre honneur et dans vos affections, il a su corrompre votre femme et ils doivent s'enfuir ensemble mardi prochain 23 du courant à minuit. »

Pendant que Clodomir récitait cette lettre, Cécile s'est écriée plusieurs fois, et chaque fois Clodomir l'a arrêté d'un signe en lui disant : « attendez. »

— Mais que faire ?
— Rien, attendre, — c'est aujourd'hui le 23, — je pars pour la campagne et ne reparaîtrai que dans quelques jours, — votre mari, naturellement fidèle à la tradition, va feindre un voyage et rentrer inopinément, un peu avant minuit. — Qu'il vous trouve occupée à lui écrire une lettre tendre.

» Demain matin, il courra chez moi, on lui dira que je suis en voyage pour quelques jours, alors il se rendra chez M. Darcet et chez M. Frolliny.

— Eh bien ?
— Eh bien, il ne trouvera pas rue du Ponceau, 72, M. Darcet qui n'existe pas et que j'ai inventé, car j'oubliais de vous dire que c'est moi qui ai fait écrire la lettre, il ira ensuite chez M. Frolliny, celui-là existe, c'est un sellier harnacheur, qui lui répondra qu'il ne me connaît pas et n'a jamais entendu parler de moi.

Résultat pour Albert, — Clodomir est l'amant de ma femme, comme il a volé dans la caisse de

M. Darcet et filouté au jeu M. Frolliny, on est bien méchant ! ce bon Clodomir, j'ai à réparer le moment d'injustes soupçons que m'avait inspirés cette lettre infernale.

Commencez-vous à comprendre, Monsieur, l'auteur du Roman ?

Supposez que vous vouliez attaquer M. de Girardin ou tout autre, vous commencez par chercher ses points vulnérables, — le talon d'Achille, — vous l'attaqueriez sur des faits vrais ; peut-être, si vous êtes exigeant, ajouterez-vous quelques faits vraisemblables.

Vous ne l'accuseriez ni d'avoir volé les tours de Notre-Dame, ni d'avoir assassiné Henri IV, ni d'avoir incendié le temple d'Esther.

Car le lecteur se dira : j'ai passé hier devant Notre-Dame, les tours sont à leur place, — Henri IV est mort il y a près de 300 ans, — et, malgré l'incertitude qui règne sur l'âge du fameux publiciste qui a été accusé de tricherie sur ce point dans le temps pour se faire nommer député, il ne pouvait exister en 1610 — d'ailleurs on sait le nom de l'assassin, de même qu'on sait le nom de l'incendiaire du temple d'Esther, — Erostrate, qui vivait bien plus longtemps encore auparavant.

Mon Dieu ! quelle méchanceté et quel acharnement contre ce grand publiciste ! je suis certain qu'il en est de même des mines de St-Rerain, de l'institut de Cœtbo, de physonotique et de tant d'autres affaires qu'on lui a reprochées avec opiniâtreté — je ne croirai plus rien de ce qu'on me dira contre lui, pas même de ses variations et de ses erreurs politiques.

Voilà, Monsieur, le but qu'a atteint la lettre de madame Grault et le but qu'elle devait nécessairement atteindre ; il n'y avait pas besoin d'être juge d'instruction, ni procureur du Roi ou de la République pour le deviner.

Nous avons au palais un vieux dicton, *fecit cui prodest*.

Chercher à qui le crime profite, c'est celui-là qu'il faut interroger le premier.

Un ennemi de M. de Girardin l'aurait nécessairement attaqué sur d'autres points, — cet achille de la presse est presque tout talon, à ce que disent les vrais ennemis, l'ennemi en question n'aurait pas laborieusement cherché un des rares points sur lesquels l'homme qu'il voulait assommer est invulnérable.

M. de Girardin seul profite de l'effet de cette lettre, et seul avait intérêt à ce qu'elle fût publiée à un moment où M. Rochefort et d'autres recommençaient à parler de S*t*-Rerain et de Cœtbo, etc., — madame Grault, loin d'être une ennemie de M. de Girardin, est au contraire une de ses amies plus ou moins dévouées dont on assure qu'il est entouré, seulement elle n'a peut-être pas mesuré l'étendue et les suites de son dévouement, ni la profondeur de l'ingratitude survenue.

Elle rappelle tristement le sort de ce fanatique que Mahomet fit cacher dans un puits d'où il cria, — il n'y a qu'un Dieu et Mahomet est son prophète.

Mahomet fit immédiatement combler le puits sur lequel on éleva une colonne avec une inscription commémorative de l'oracle, — colonne sous laquelle le dévot reste enseveli.

Voilà, Monsieur, la vérité sur la lettre de madame Grault ; vous voyez que j'avais raison de présumer que l'auteur d'*Agathe et Cécile* et de l'histoire de M. Clodomir de Pontaris, n'aurait pas été dupe de la mystification.

Le véritable auteur de la dénonciation contre M. E. de Girardin, est M. de Girardin.

Agréez, etc.

X***, magistrat démissionnaire.

Pour copie

ALPH. KARR.

FEMMES ET HOMMESSES

La Providence, en créant l'homme, lui devait et lui a donné les racines et les fruits sauvages, elle lui a donné une femelle pour se reproduire ; — cette situation, j'aime à le croire, n'a pas beaucoup duré, — et alors l'amour devait avoir sa saison chaque année, comme pour les fauvettes et pour les ours.

Mais ce que la Providence a donné de plus à l'homme qu'à ses autres créations, c'est le génie d'arranger, d'orner, d'embellir son séjour, — de se perfectionner lui-même, en un mot, l'instinct de la civilisation ; — sa faiblesse relative même qui a amené forcément l'état de société, est devenue une force qui l'a rendu maître de la terre.

L'homme primitif et encore aujourd'hui l'homme sauvage, et je comprends dans les sauvages un certain nombre de prétendus civilisés, ont abusé de la faiblesse physique de la femme pour la tenir en esclavage ; — mais l'homme intelligent, l'homme soigneux de son propre bonheur, a transplanté, semé, fécondé les arbres des forêts dont les fruits ligneux et âpres sont devenus des poires savoureuses et des pêches exquises ; — dans le même ordre d'idées, de la femelle, de l'hommesse, il a fait la femme, et c'est le plus charmant, le plus incontestable progrès de la civilisation. — Je n'ai pu faire qu'une statue avec mon bloc de marbre, disait Praxitèle, en exposant une Vénus, mais le premier qui se mettra à genoux devant ma statue et lui adressera une prière, en fera une déesse.

C'est l'amour qui de l'hommesse a fait la femme ; les civilisations intelligentes se sont toujours préoccupées d'augmenter les différences et les contrastes entre les deux sexes que la nature n'avait fait qu'indiquer.

Les grandes chevelures, les vêtements longs et amples cachant la divinité dans un nuage. Les étoffes précieuses, les pierreries, les plumes des oiseaux, les fourrures de l'hermine et du renard bleu, réservées aux femmes et donnant de la majesté et de la réserve à leur démarche ; le séjour dans la maison, les occupations non fatigantes amenant la blancheur et le poli, la transparence de la peau, la timidité et la pudeur en partie naturelles, et en partie acquises et même jouées par les moins bien douées.

En face des visages bronzés par le soleil, le vent et la pluie, des chevelures lourdes et hérissées, des barbes rudes et hirsutes, des vêtements courts, des muscles développés, endurcis par la culture de la terre, la chasse, la pêche et la guerre, un costume sombre, des mains de fer, ajoutez d'un côté une voix douce, harmonieuse, vibrante, accoutumée à ne s'émettre que dans la maison fermée où elle n'a aucun bruit à dominer, où elle doit s'adoucir pour endormir l'enfant, de l'autre une voix accoutumée à se faire entendre dans le vent et la tempête, à exciter, encourager les chiens, à défier et à effrayer l'ennemi ; les airs terribles en partie vrais, en partie affectés, et vous aurez les êtres si différents l'un de l'autre qui sont devenus, avec le temps, l'homme et la femme.

Jamais cette différence n'est trop grande, et souvent elle ne l'est pas assez. Loin de moi la sottise qui régnait de 1828 à 1835, de demander des femmes maigres, frêles, phtisiques, vertes, etc. La femme doit être aussi bien portante, disons plus, aussi forte pour accepter son rôle de femme que l'homme pour son rôle d'homme. La fauvette est aussi forte pour son métier de fauvette que le lion pour son métier de lion. La rose est aussi forte pour son métier de rose que le chêne pour son métier de chêne : là est la véritable égalité, un degré égal de perfection et de droits et de puissance dans son rôle, et pas une parité, ou similitude, laide, absurde et heureusement impossible, égalité si sottement réclamée par certaines femmes et que pourraient réclamer avec plus de raison, les hommes de certaines classes de la société actuelle.

La classe dite « bourgeoise » où l'homme travaille et où tant de femmes ne font que dépenser,

> Ne s'inquiétant pas si, pour parer l'idole,
> Le pauvre époux travaille, emprunte, joue... ou vole

Mais je veux, sans jamais hésiter, reconnaître une femme à son pas, marchât-elle sur un tapis ; à sa voix, quelque bas qu'elle parlât.

Je veux reconnaître un cheveu de femme parmi vingt poignées de cheveux d'homme ; de même une rognure d'ongle de femme.

Les vrais hommes n'aiment que les vrais femmes, comme les vraies femmes n'aiment que les vrais hommes.

Il n'entre pas dans mon sujet, aujourd'hui, de parler des hommes qui se coiffent en bandeaux à la Vierge avec quelques frisons sur le front, et, par un col de chemise coquettement ouvert, prodiguent aux yeux ravis des femmes les trésors de leur cou d'albâtre.

Je ne veux parler que des femmes, et encore d'une variété de femmes, car il y a pour les femmes deux manières de n'être pas femmes :

La première consiste à s'affranchir sottement de la réserve et de la pudeur, à adopter des vêtements strictement « collants », à ne rien laisser à faire à l'imagination, qui embellit si généreusement ce qu'on cache, à s'abandonner si fort au public qu'il ne reste pour le mari ou pour l'amant rien qui vaille la peine et les frais nécessaires pour le conquérir.

Je n'indiquerai qu'en passant cette singularité qu'on peut observer aux bains de mer : les hommes, qui autrefois nageaient en caleçon à une distance convenue des femmes, doivent aujourd'hui revêtir un costume complet, acte gênant pour les nageurs sérieux ; jusque-là, c'est peu de chose, mais en même temps la mode a fait adopter aux femmes les costumes de bain les plus sommaires, les plus indiscrets, les plus révélateurs, les plus confidentiels, elles ont infligé aux hommes la décence dont elles s'ennuyaient : à notre tour d'être le sexe faible, le sexe timide, le sexe pudique.

C'est la Vénus voilée qui est la vraie *Vénus*.

Lycurgue, qui rêvait une république mâle et rude et voulait détruire l'influence des femmes, et réduire l'amour à la propagation de l'espèce, faisait combattre, dans les jeux publics, les jeunes filles entièrement nues pêle-mêle avec les jeunes hommes.

Solon, qui avait inventé la république athénienne

avant M° Gambetta, voulant au contraire une nation polie, élégante, artiste, et voulant à cet effet, accroître le pouvoir féminin, ordonna aux Athéniens les vêtements longs, simples et flottants.

II

Il est une seconde manière pour les femmes de n'être pas femmes ou de cesser de l'être.

On lit dans la loi des Douze Tables : « Que les femmes se gardent de raser le léger duvet de leurs joues, de crainte de se faire pousser une barbe. »

On sait bien l'avantage que tire une femme d'être elle-même, d'être un objet d'art, un marbre unique de la main de Phidias, de Praxitèle ou de Pradier, et non un vulgaire surmoulage qui se fait à la douzaine, d'être « autre » ; cela suffit souvent et remplace parfois un certain degré de beauté, et explique certaines séductions et certaines infidélités. Vous pouvez être un miracle de formes, d'élégances, etc., etc. ; vous pouvez être la plus belle des femmes, mais vous ne pouvez pas être une « autre », et il y a des moments où cette « autre » vous vaincra, parce qu'elle est « autre », ne fût-elle que cela.

Supposez une assemblée de femmes couvertes des

plus splendides étoffes, des plus rares pierreries, qu'une seule arrive un peu tard vêtue d'une simple robe blanche, pas un diamant, pas un bijou, une rose vivante dans les cheveux, et elle sera la reine, parce qu'elle sera « autre ».

Les femmes ont tellement l'instinct de la puissance d'être « autres », que, dans les ménages un peu populaires, si une femme veut témoigner quelque défiance à son mari qui sort, elle lui dira, si elle est brune : « Va voir ta *blonde ;* » tandis qu'elle dira : « Va voir ta *brune,* » si elle est blonde.

Mais il faut rester femme ; et celles qui affectent des attitudes, des allures, des paroles, des pensées, des sentiments virils, sont au moins aussi sottes de vouloir se changer en homme, que si elles se changaient en chèvres ou en guenons, ou en tortues.

C'est se changer en hommes que de prétendre à remplir les mêmes fonctions que les hommes ; si vous y réussissez, vous serez un homme très petit, très faible, très opprimé, très laid. Pourquoi faire vous-même, quand il vous est si facile d'inspirer et de faire faire ?

La femme a son rôle, ses droits, ses devoirs séparés de ceux de l'homme et, en apparence, contraires, mais combinés pour se compléter réciproquement ; la corde et le bois courbé se ressemblent peu. Le silex et le fer, la serrure et la clef sont très différents. Et cependant, réunis, ils forment un tout, un arc, un briquet, une fermeture, et chacun séparé n'est rien.

C'était une charmante et poétique idée que celle de Platon, et qui pourrait être aussi vraie que bien d'autres qui sont acceptées : « que l'être humain, au commencement, se composait de la réunion des deux sexes et que, par punition, l'être a été séparé en deux modèles qui sont devenus l'homme et la femme. » L'amour n'est que l'effort incessant que font ces deux moitiés pour se retrouver, se réunir, se confondre de nouveau en un seul être ; l'infidélité s'explique par une erreur de deux moitiés qui croient se reconnaître, s'essayent et s'aperçoivent, souvent un peu tard, qu'elles se sont trompées et doivent chercher ailleurs.

Bien plus grave est l'erreur des hommesses. Le plus souvent, cette pensée de sortir de son sexe s'explique par ceci, que ce sexe n'est pas nettement indiqué, que ces êtres hybrides n'ont pas ou n'ont plus les charmes qui sont le partage de la femme. Il y a cependant à cette explication d'assez fréquentes exceptions. Remontons à la première Révolution, là où nos viragos, citoyennes, tricoteuses et pétroleuses cherchent leurs modèles.

Olympe de Gouges était belle, mademoiselle Aubry et madame Momoro étaient belles, Théroigne de Méricourt était jeune et belle, et si Catherine Théot était vieille, elle ne se montrait qu'avec deux jeunes et belles filles, l'une à sa droite et l'autre à sa gauche.

Nous allons, si vous le voulez bien, parler un peu des unes et des autres, pour démontrer une fois de plus combien les imitateurs et imitatrices, plagiaires et parodistes d'aujourd'hui, sont inférieurs à leurs modèles qu'ils n'égalent que par la méchanceté en les surpassant en ineptie.

Et, dans leur intérêt, nous leur rappellerons comment on a coutume de finir tristement le carnaval et les jours gras.

Olympe de Gouges, qui, par les discours et les écrits, s'était montrée d'une ardeur extrême pour la révolution, s'en dégoûta et osa « outrager » Robespierre, ou la guillotine ; en montant sur l'échafaud, elle jeta un coup d'œil sur les arbres des Champs-Élysées, et dit : « Fatal désir de la renommée, j'ai voulu être quelque chose. »

Quand on proclama la déchéance de Dieu et le culte exclusif de la raison, les réformateurs pensèrent que ce culte ne pouvait être dignement inauguré que par la plus folle, la plus indécente, la plus ridicule des mascarades.

La première fête de la raison fut célébrée le 20 brumaire à Notre-Dame.

La femme de l'imprimeur Momoro, membre de la commune, jouait le rôle de la déesse ; elle était assise sur un siège antique, et portée par quatre citoyens ; des jeunes filles, vêtues de blancs et couronnées de roses, précédaient et suivaient la déesse ; on plaça l'idole et le siège sur l'autel. C'était une très belle personne, qui, avec l'autorisation de son mari, je le suppose, se montra fort libérale de l'exhibition des charmes de la Raison ; aussi Chaumette fut-il très applaudi, lorsqu'il dit aux assistants en la montrant : « Nous avons abandonné les idoles inanimées pour cette image animée, chef-d'œuvre de la nature. » Le républicain Prud'homme raconte que les plus austères républicains avaient apporté des lorgnettes pour ne rien perdre des détails de madame Momoro. Chaumette ayant fini son discours, elle descendit de son siège, s'approcha du président et lui donna l'accolade. Comparez cette scène à celle des enthousiastes résignés qui embrassèrent Louise Michel à son arrivée dans la gare du chemin de fer.

Mademoiselle Aubry était également une très belle actrice de l'Opéra, qui joua à Sainte-Geneviève le rôle de madame Momoro à Notre-Dame.

Quant à Cathérine Théot, c'était une prophétesse qui se disait mère de Dieu, avait adopté Robespierre pour son second fils.

Théroigne de Méricourt était, disent les contemporains, une très charmante créature, qui n'épargnait rien pour séduire les yeux ; elle portait un chapeau à la Henri IV avec de grandes plumes, un sabre et des pistolets à la ceinture ; elle avait assisté à la prise de la Bastille et fit partie du hideux cortège qui alla à Versailles chercher le roi et la reine ; elle marchait entre les hommes qui portaient sur des piques les têtes des deux gardes du corps assassinés ; on l'appelait la première amazone de la République, comme on appelle Louise Michel la grande citoyenne. Mais quelles pâles copies que les citoyennes Michel, Paule Mink, Rouzade, Cadolle, etc., en les comparant aux citoyennes Olympe de Gouges, Aubry, Momoro, Théroigne, etc.

Arrivons au mercredi des Cendres, nous avons vu comment finit Olympe de Gouges tuée par ses complices, et Théot emprisonnée.

Le 1ᵉʳ prairial de l'an III, une foule de femmes mêlées à des hommes ivres, quelques-unes ivres comme eux, dit M. le premier président de la République de 1871, des troupes de bandits armés de piques se dirigèrent vers la Convention. Les députés se rassemblent à la hâte... Tout à coup on voit fondre un essaim de femmes dans la tribune, le président Vernier se couvre et leur commande le silence. Les unes montrent le poing à l'Assemblée, les autres crient et rient aux éclats : plusieurs députés se succèdent à la tribune sans réussir à se faire entendre. André Dumont succède à Vernier et annonce aux femmes qu'il va les expulser ; on lui répond par des huées. Au dehors, la foule de bandits, que les citoyennes précédaient, ébranle les portes. Les hommes sortent des tribunes, mais les femmes restent et continuent à vociférer. Elles repoussent les fusiliers qui essayent de les faire sortir ; alors plusieurs jeunes gens qui s'étaient munis de fouets de poste, escaladent les tribunes et chassent à coups de fouet les citoyennes qui se sauvent enfin en poussant des cris, des imprécations et des menaces.

Ce fut bien pis pour Théroigne, il lui arriva ce qui était arrivé à Olympe : ce qui restait de femme en elle finit par se révolter contre les crimes mêmes auxquels elle avait pris part. Elle se déclara contre Robespierre et prit parti pour les Girondins, et quelques-unes de ses compagnes et tricoteuses restées montagnardes la saisirent dans la rue et la fouettèrent publiquement. Les contemporains qui racontent ce fait odieux disent que, si ce qui restait de pudeur à Théroigne dut en souffrir, sa vanité de femme n'en souffrit pas, et ces écrivains politiques saisissent l'occasion pour parler encore de sa beauté.

Si, ce qu'à Dieu ne plaise, nous devons voir se renouveler ces sauvageries, il est à craindre que nos tricoteuses modernes ne saisissent, de leur côté, cette occasion de montrer une fois de plus leur infériorité.

ESSAI DE CONTREPOISON

Il y a plus de quarante ans que je demande inutilement et opiniâtrément une petite loi qui pourrait se chanter sur l'air de La Palisse, qui un quart d'heure avant sa mort était encore en vie.

A savoir :

Le marchand de vins qui vole le consommateur fait précisément la même chose que le consommateur qui volerait le marchand de vins, tous deux sont des voleurs, et pour un même délit doivent encourir la même peine.

Eh bien, qu'un ouvrier glisse sa main dans le comptoir de plomb du marchand de vins et lui dérobe quelques sous, il sera arrêté, jugé, condamné et puni comme voleur.

Que le marchand de vins, tant sur la quantité que sur la qualité du vin vendu à l'ouvrier, lui vole une somme au moins égale, si, par hasard, on lui fait un procès, son acte ne s'appellera pas un vol, ce sera une *tromperie sur la qualité et la quantité de la marchandise vendue*, et sa peine sera beaucoup moindre que celle de l'ouvrier qui aura pris une somme égale dans son tiroir.

Qu'un ouvrier, s'introduisant dans l'arrière-boutique du marchand de vins, jette dans son pot-au-feu un peu de vert-de-gris, d'arsenic ou autre poison : il sera arrêté, jugé et puni comme empoisonneur.

Le marchand de vins qui, par l'adjonction de substances plus ou moins toxiques au vin qu'il a préalablement étendu d'eau, empoisonne petit à petit l'ouvrier, est accusé de *sophistication*.

Je demandais donc et je demande encore une loi qui dise :

Le marchand de vins qui vole sa pratique est un voleur ; le marchand de vins qui empoisonne sa pratique est un empoisonneur.

J'allais trop loin, en disant tout à l'heure que ma guerre à ce sujet avait été aussi inutile qu'obstinée ; non, j'ai réussi, et on me l'a reproché dans le temps, à faire aggraver quelque peu la peine de la *vente à fausse mesure* et de la sophistication.

Et c'est en pensant aux Turcs qui clouent par l'oreille sur sa boutique le marchand voleur, que j'ai imaginé, conseillé et obtenu, traduisant timidement en français, c'est-à-dire en plus tolérant et plus humain, la pratique des cadis turcs, j'ai obtenu l'affichage du jugement sur la boutique. On me l'a aussi reproché, et moi je m'en suis quelque peu enorgueilli, comme d'un des quelques services que j'ai pu modestement rendre à la société.

M° Gambetta vient de plaider en faveur de la fraude, je vais répondre à M. Gambetta. Il trouve trop rigoureuse la pénalité appliquée. Je vais soutenir le contraire. M. Gambetta a parlé aux marchands de vins comme il parlait de même aux commis voyageurs, dans l'intérêt unique de son ambition et de la satisfaction de ses gros appétits. Je vais parler dans l'intérêt du peuple, de l'ouvrier, de la morale et de la vérité.

L'habitude du cabaret et de l'ivrognerie qui, outre des maux sans nombre, engendre nécessairement la perte de temps, la désuétude du travail, l'abrutissement, la diminution des forces et de l'intelligence, conduit fatalement l'ivrogne et sa famille innocente à la plus extrême misère ; — du cabaret sortent les rixes et plus de la moitié des crimes.

Il y a longtemps que les si odieux gouvernements monarchiques se sont préoccupés de cette question dans l'intérêt du peuple, que ses prétendus amis poussent ou appellent au cabaret, où ils lui empoisonnent le corps et l'esprit en l'asservissant au service de leur ambition, comme faisait le « Vieux de la montagne » par le hatchich.

※
※ ※

En faisant quelques recherches, j'ai trouvé déjà, très anciennement pratiqué contre l'ivrognerie et l'habitude du cabaret, un procédé que je croyais avoir imaginé.

On faisait une différence très grande et très sensée entre les marchands de vins « taverniers » (*tabernæ*, (ταϐερνεια), *vendeurs à pot*, chez lesquels on venait acheter le vin pour l'emporter et le boire chez soi en famille, ce qu'on appelle encore en Normandie vin à *dépoteyer*, et les cabaretiers (*popinæ*, καπη,), où l'on vendait le vin à « nappes et assiettes », c'est-à-dire qui le donnaient à boire chez eux. »

Les premiers pouvaient acheter le vin en gros et dans la province, aux lieux de production — tandis que les cabaretiers ne pouvaient s'approvisionner qu'à la halle, c'est-à-dire de seconde main, ce qui les obligeait à vendre plus cher.

De plus,

« Les marchands qui font le détail à pots et les taverniers ne paieront que 108 sous pour le droit du huitième et augmentation, et les cabaretiers 6 livres 15 sous pour ces mêmes droits. » (Ordonnance du roi Louis XIV de juin 1680.)

Voici une ordonnance de Charles VI (1397) :

« Pour ce qu'il est venu à notre cognoissance que

gens de mestier, de petit estat et de petite faculté, estant et fréquentant en la ville de Paris, délaissent leurs besongnes, à gouverner leurs mesnages, et gaigner leur vie, aux jours ouvrables et un sepmaine, pour l'inclination qu'ils ont aux tavernes, etc., etc.

» Dont plusieurs d'iceux, quand ils ont ainsi perdu leurs chevaux aux dicts lieux, sont devenus et deviennent de jour en jour larrons, meurtriers, volleurs et gens de très mauvaise vie, défendons à tous habitants et cabaretiers, » etc.

(Septembre 1397).

Ordonnance de Jean le Bon (1350) :

« Défendons aux marchands de vins tout mélange de vin différents, ou toute adjonction d'eau. Le vin ne pourra être vendu sous autre nom que son cru et provenance réels.

» Il est permis à tous ceux qui vont prendre du vin à la taverne, d'entrer ou aller, ou descendre dans la cave pour le voir tirer, et enjoint aux cabaretiers de le souffrir. »

« Défense de tenir *assiettes* ès villes et faubourgs ès jours de feste à gens et personne domiciliaires, surtout aux mariez et ayant mesnage, ainsi seulement pour les forains et estrangers » (1546 — Henri II).

« Et pour ce que le nombre des hostelliers, taverniers et cabaretiers est effrené, » etc. (Charles IX, 1560).

« Il est défendu à tous cabaretiers de recevoir chez eux les habitants domiciliés des villes, bourgs et villages où ils résident, et leurs tavernes et cabarets pour y banqueter, boire, etc.

» Ainsi leur soit loisible d'y recevoir les étrangers.

» Défense est faite et inhibition à toutes personnes de hanter et fréquenter, aller et venir ès tavernes et cabarets des lieux où ils sont domiciliés.

» Et sera le présent arrêt publié à son de trompe et cry public, le dernier jour de 1579.

» HENRI III. »

L'ancien droit coutumier de France permettait aux taverniers vendant le vin à pot et à mesure (à dépoteyer), comme à tous autres marchands, de poursuivre en justice le payement du vin vendu par eux à pot, mais déniait toute action aux cabaretiers pour le vin vendu à « nappes et assiettes » et bu dans leurs cabarets.

(*Coutumes*) de Paris, art. 126 ; de Normandie, art. 535 ; de Calais, 518, etc., etc.)

Aux ordonnances multipliées sur *l'ingénuité* du vin contre les mélanges, *trempages* et pareilles soldes, sont ajoutées des ordonnances sur le mesurage.

Nous voyons dans les *Capitulaires* de Charlemagne que les mesures-types, ou étalons des mesures, étaient conservées dans le palais du roi (*in palatio habemus ; capit. req.* 789).

Chez les anciens, elles étaient déposées dans les temples des dieux.

⁎
⁎ ⁎

S'il nous arrive, de mon vivant, de nous retrouver sous un gouvernement qui puisse s'occuper d'autre chose que de conquérir et de conserver le pouvoir et de restaurer les abus sur les ruines desquels il s'est élevé, je renouvellerai ce que j'ai proposé depuis bien longtemps.

D'abord réduire beaucoup, ou plutôt annuler les impôts sur le vin à dépoteyer, sur le vin que l'ouvrier achète pour le boire chez lui avec sa famille. Ce vin doit être protégé, c'est-à-dire vendu aussi bon marché que possible, comme le pain dont il est le corollaire.

Faire retomber cette somme d'impôts et demander le remplacement de ce revenu sûr, aux cabarets, brasseries, cafés où on boit sur place.

Le rétablissement du « droit coutumier de France » c'est-à-dire le refus par les tribunaux de reconnaître les dettes de cabaret, comme ils ne reconnaissent pas les dettes de jeu, renouvellent l'ordonnance du roi Jean, sur la réalité et *l'ingénuité* du vin.

Toute bouteille devant être de la contenance du litre ou d'une fraction exacte du litre et portant dans le verre l'énonciation de la contenance.

Une grande partie des bénéfices dont l'appât multiplie si singulièrement ces *gins palace*, se compose de gains illégitimes, vols sur la quantité et la qualité, et sur le crédit.

Le crédit est la source des abus les plus ruineux pour les consommateurs, les plus injustement productifs pour les marchands. L'homme qui paye immédiatement, qui tire de sa poche et donne de l'argent en échange de ce qu'il boit bêtement sans soif, est forcé de s'arrêter quand sa poche est vide, et de mesurer sa soif factice sur ses finances réelles et présentes.

L'homme qui boit à crédit n'a d'autre mesure que la confiance usuraire et l'espérance avide du marchand ; de plus, il n'oserait surveiller, contrôler, discuter, réclamer la quantité et la qualité.

Une surveillance rigoureuse sur les mesures, sur l'identité des boissons livrées à la consommation; la vente à crédit à peu près supprimée par le refus d'admettre en justice les dettes de ce genre, ne permettraient qu'à un certain nombre de cafés, tavernes, cabarets, etc., de subsister, et ceux qui subsisteraient seraient entre les mains des marchands honnêtes.

Le cabaret est la perte de l'ouvrier et de sa famille ; il n'y absorbe pas seulement du vin frelaté et malsain, il s'y enivre des idées, des doctrines les plus folles, les plus ineptes, les plus injustes, les plus dangereuses. Chaque fois, il en sort plus bête et plus méchant qu'il n'y était entré ; les plus intelligents s'y abrutissent et deviennent fous. Au cabaret, on donne et on reçoit le mot d'ordre des prétendus et hypocrites amis du peuple, qui ne lui ont jamais procuré que la misère, la prison et les coups.

C'est ce que vient de faire, une fois de plus, M. Gambetta dans son discours aux taverniers, — en vue des élections de 1881.

Des cafés, des cabarets, — sortent immédiatement et quotidiennement la ruine et la misère de la classe ouvrière, — et doit sortir nécessairement la ruine totale du pays et peut-être de la société. — Ce qui est déjà fortement commencé.

Jamais un orateur n'a osé soutenir une thèse aussi puérile, aussi absurde, aussi immorale, aussi cynique, aussi dangereuse.....

Mes lecteurs habituels et les amis éparpillés connus et inconnus qui m'ont conseillés, — et c'est tout ce que j'ai gagné à écrire, — ma franchise, mon désintéressement et mon implacable amour de la vérité, de la justice et de l'humanité, pourraient me dire, après avoir lu cet article : mais vous nous avez déjà dit tout cela. Je le sais bien, et je crains d'avoir à le dire encore bien des fois, décidé que je suis à protester ou du moins à ne pas laisser prescrire les droits de la vérité, de l'équité et du bon sens.

P. S. — Après avoir montré son profil gauche aux « avancés », Mᵉ Gambetta a, le lendemain, au Palais-Bourbon, naturellement et selon sa coutume, présenté son profil droit aux « conservateurs ». On assure qu'ils se sont montrés aussi satisfaits et aussi naïfs les uns que les autres.

Le moment périlleux pour l'avocat mi-partie, pour le président Janus, le moment qu'il redoute et éloigne autant qu'il le peut, c'est le moment où il faudra enfin se montrer de face,

Jusqu'à présent il joue le rôle d'une danseuse de théâtre très décolletée par en bas, qui, après avoir fait une pirouette savamment prolongée, révélatrice et incandescente pour les vieillards du côté gauche de l'orchestre, a soin de glisser de côté et d'aller faire la même pirouette également prolongée, également confidentielle et provocante devant les vieillards du côté droit.

Mais là s'arrête la similitude.

La danseuse, ses deux pirouettes exécutées, se présente résolument de face avec un sourire particulier aux danseuses et attend les applaudissements et parfois les bouquets de la droite et de la gauche. Il sera curieux de voir de quelle couleur sera le sourire de M⁰ Gambetta... vu de face, quand, pour adopter ses expressions au banquet des marchands de vins, « on fera une comparaison entre le bruit des paroles et la stérilité des actes. »

Quand on envisagera *de face* la plus ridicule dictature.

BUTIN

I

Les guêpes aussi aiment à voltiger de fleurs en fleurs et à butiner.

Constatons une fois de plus le peu de fécondité de l'imagination de nos maîtres actuels ; leurs plus grandes audaces, leurs cocasses sottises sont des plagiats, mais des plagiats encore timides.

Par exemple, le banquet des marchands de vins a paru une invention inouïe.

Eh bien, non ; un des jours qui précédèrent la fête donnée aux Suisses de Châteauvieux en l'honneur de l'indiscipline de l'armée, Pétion avait dîné à la « Râpée », endroit dès alors et depuis longtemps célèbre par ses cabarets, ses dépôts de vins, ses matelottes et ses fritures.

André Chénier en parle dans des vers qui furent presque ses derniers et qui ne contribuèrent pas peu à le conduire à l'échafaud.

..... O vous qui rougissez encore
Et qui sans baisser les yeux,
Quelle joie.....
De voir des échevins que la *Râpée* honore, etc.

C'est donc encore par imitation que M. Gambetta veut se faire honorer par la Râpée.

Mais combien maître Gambetta, l'ami des marchands de vins, est pâle à côté de ses modèles !

Combien sa tendresse est platonique et creuse ! Il se contente de les plaindre, de trouver excessives les lois qui gênent le *perfidus caupo*, dans les petits exercices de sa profession, tels que la Seine et le puits de sa cour passés à l'état de grands crus, et vendus au litre, à la bouteille et au « canon », et l'adjonction de substances aussi colorantes que toxiques pour rendre au vin « sophistiqué » la force qui manque aux crus de la Seine et de la Marne et du puits.

Parlez-moi de la vraie république, de la « sainte », et voyons ensemble comment les maîtres d'alors traitaient les marchands de vins et les cabaretiers qui avaient la chance d'être de leurs amis.

Ce ne sont plus des marques des sympathie stériles, ce sont des actes sérieux, et que je vais livrer à la méditation de MM. les marchands de vins qui se sont montrés trop et trop tôt reconnaissants.

Le fameux Santerre, général et brasseur, avait négligé d'acquitter les droits mis sur la fabrication de la bière, et le fisc, sans égards pour ce grand citoyen, les réclamait de lui. Ces droits, que, par une application productive de la liberté, le citoyen Santerre n'avait pas payés, s'élevaient à la somme de quarante-neuf mille six cent trois livres seize sous six deniers.

Le citoyen brasseur et maréchal de camp, sommé de s'exécuter, ne contestait pas le chiffre, mais prétendait qu'il devait en être déchargé, parce que c'était le peuple qui avait consommé la plus grande partie de la bière fabriquée par lui et qui, dans la liberté et la souveraineté, ne l'avait que peu ou pas payé.

Nos gens d'aujourd'hui se seraient contentés de gémir avec le citoyen Santerre, de déplorer la tyrannie du fisc, le despotisme de l'infâme capital.

Allons donc ! poules mouillées que vous êtes !

Voici comment vos modèles savaient protéger leurs amis :

Extrait des registres du conseil exécutif.
— Séance du 6 avril 1793.

« Le ministre des contributions publiques propose au conseil de déclarer le citoyen général Santerre, déchargé des droits sur la bière fabriquée par lui en 1789-1790 et les trois premiers mois de 1793, époque où les droits sur les boissons ont été supprimés.

» Le conseil a adopté les propositions faites par le ministre des contributions.

» Signé : Clavière, Lebrun, Garat, etc. »

Voilà une époque : les cabaretiers ne payent pas les droits ; le peuple boit sans payer.

Comparez et jugez.

O marchands de vins naïfs qui vous êtes contentés de paroles, comprenez aujourd'hui, et comme vous le disait si plaisamment et si effrontément votre froid et égoïste ami l'avocat génois :

— Faites une comparaison entre le bruit des paroles et la stérilité des actes.

Et, pour citer encore le même orateur, l'aiderez-vous, pour si peu, à fonder ce qu'il appelle lui-même « la plus ridicule dictature » ?

Et la question du divorce, quelle tiédeur ! Ce pauvre M. Naquet s'y est dévoué au point d'abjurer, sur les promesses qu'on lui a faites de le seconder, de se ranger à l'opportunisme, les opinions politiques si énergiquement exprimées naguère lorsqu'il se déclarait, en pleine Assemblée, intransigeant.

Écoutez Chaumette (*Le Moniteur*, n° 297, *Histoire de la Terreur*, par M. Mortimer Ternaux), faisant connaître à de jeunes époux qu'il marie, en qualité de président de la Commune, les bienfaits du divorce :

« Le mariage n'est plus une chaîne, c'est l'acquit d'une dette agréable ; le divorce est le dieu tutélaire de l'hymen ; il lui était réservé de remplacer, par des charmes inconnus jusqu'alors, la fatigue et le dégoût inséparables d'un lien indissoluble. La facilité rassure les âmes timides : libres de se séparer, les époux n'en seront que plus unis. »

A la bonne heure, c'est carré, cela ! comparé aux hésitations, aux atermoiements du pouvoir actuel sur cette question. Question sur laquelle, soit dit entre parenthèses, presque tout le monde se trompe, et Dumas comme les autres, en posant mal la question. On met en présence le divorce et le mariage indissoluble, tandis qu'il faut seulement chercher quel est le mieux ou le moins mal entre le divorce et la séparation qui existe.

Et les amnistiés ?

Je sais bien qu'on les a ramenés à grands frais de Nouméa. Mais que fait-on pour eux aujourd'hui ?

Cette infâme et bouffonne périphrase : « les victimes de nos discordes civiles », par laquelle on désigne, non les otages, les gendarmes et les prêtres massacrés, mais les assassins, les incendiaires et les voleurs, n'est pas nouvelle.

En 1792, Simoneau, maire d'Étampes, avait été

assassiné, victime de son obstination à faire respecter la loi : « Vous pouvez me tuer, mais je mourrai à mon poste, » avait-il dit ; et on l'avait tué ; les assassins, tambour en tête, avaient défilé autour de son cadavre, en criant : « Vive la nation ! »

Ce n'était que le commencement de la Terreur, on n'osa pas ne pas mettre en accusation les assassins ; un tribunal, le 22 juillet, condamna huit des accusés à la prison, deux à la peine de mort.

L'Assemblée nationale avait décidé qu'une indemnité pécuniaire serait, à titre de don national, allouée aux enfants de Simoneau, et qu'un monument, une colonne, serait élevée à la mémoire du « magistrat mort pour la loi » ; la veuve de Simoneau refusa l'argent et le monument ne fut pas exécuté.

Quant aux assassins, ils ne furent pas plus exécutés que le monument.

Une bande de scélérats, sous la conduite de Fournier, dit l'Américain, les mit en liberté, et ils vinrent à Paris se présenter triomphants à la Commune. On lit dans le journal de Robespierre : « Les malheureuses victimes de l'insurrection d'Étampes ! (non pas le maire Simoneau, mais ses assassins) Un orateur *peint avec sensibilité* la position de ces infortunés. Il était réservé à l'assemblée électorale de tarir les sources de leurs larmes (textuel). »

Et ces dames ?

II

Ah! ces dames!

Pour ces dames, les citoyennes tricoteuses, harangueuses et pétroleuses, que fait-on ? Je sais bien qu'on a embrassé Louise Michel à son arrivée, mais encore c'est un intransigeant, ce n'est ni M. Gambetta, ni aucun des ministres. Et peut-être qu'on ne l'a embrassée que cette fois-là.

On les laisse parler, pérorer, haranguer, déblatérer dans les assemblées de réunions ; mais, comme du premier coup elles ont atteint le sommet de la folie furieuse et du crime grotesque, comme elles ne peuvent aller au delà, comme quand ces choses-là ne vont pas de plus fort en plus fort, elles vont de plus faible en plus faible et tombent en monotonie et en ennui, elles vont bientôt être tristement abandonnées de leurs auditeurs et réduites à imiter, dans les *Plaideurs* de Racine, Léandre qui dit:

Moi, je suis... l'assemblée.

Il faudra que Paule Minke soit l'auditoire de Louise Michel, qui, sa tartine débitée, descendra de la tribune où montera Paule Minke, à laquelle Louise Michel servira d'auditoire à son tour.

Nos citoyennes n'ont-elles pas le droit de se plaindre que même leurs complices de 1871 laissent tomber en désuétude des traditions qu'elles ont, elles, si religieusement conservées ?

En 1792 et 1793 on se faisait un devoir et un plaisir de les occuper, de les amuser.

Lors du culte déclaré de la *Déesse de la Raison*, on décréta que chaque semaine une nouvelle déesse paraîtrait dans chacune des églises consacrées à ce culte et aurait occasion d'offrir à l'admiration, à l'adoration des fidèles, une plus ou moins généreuse partie de ses beautés ; cela tenait en haleine et en espérance toutes celles qui avaient les moindres prétentions à la figure, aux jambes, aux cuisses et à la gorge.

Catherine Théot fondait une religion, et cette religion avait des adhérents, des sectateurs, des dévots.

L'initié devait lui donner sept baisers, deux sur le front, deux sur les joues, deux sur les tempes, un sur le menton ; — comparez cela au maigre et unique baiser de M. Rochefort à Louise Michel — et lorsque l'Assemblée, sur le rapport de Vadier, mit en accusation et la « mère de Dieu » et ses apôtres et disciples, assez nombreux, Robespierre, qu'elle avait déclaré son messie, s'empara des pièces du procès et défendit de le continuer. Si, pour une cause quelconque, un procureur de la République faisait un procès à Louise Michel ou à Paule Minck, M. Gambetta l'arrêterait-il ? M. Cazot introduirait-il un conflit ?

Robespierre d'ailleurs, qui, tout comme M. Gambetta, adorait les petits papiers et les autographes de ses adversaires, occupait une quantité de citoyennes à les lui procurer.

Une certaine baronne et madame Chalabre, femme de l'entrepreneur des jeux, étaient à la tête de sa police, et un essaim de petites filles lui apportaient des plis cachetés même à l'Assemblée.

Je sais bien qu'on a dit quelque chose de semblable de M. Gambetta et de quelques femmes ; mais comme c'est mesquinement fait !

C'est, je crois, d'après Michelet, que Pierre Larousse raconte qu'on portait des petits Robespierre sur la poitrine, en bracelets, en cachets de montre, etc. M. Gambetta est-il passé, comme lui, à l'état de porte-veine et porte-bonheur ? Je ne veux pas dire ce qu'on lui préfère aujourd'hui pour ce rôle.

Le 17 août 1790, la garnison de Nancy s'insurge ; un de ses officiers, le jeune lieutenant Desilles, veut en vain s'opposer à l'attaque que ses soldats vont faire des troupes royales envoyées par l'Assemblée et commandées par M. de Bouillé : « Ne tirez pas, dit-il, ce sont nos amis, ce sont nos frères. » Il se met devant la bouche d'un canon chargé à mitraille, que ses soldats ont amené et vont tirer, et s'y cramponne ; on l'en arrache ; il va s'asseoir sur la lumière : on massacre l'héroïque jeune homme.

Au premier moment, tout le monde est saisi d'une légitime admiration. Nancy et sa ville natale célèbrent pieusement ses obsèques en grande pompe, l'évêque de Nancy prononce son oraison funèbre et lui applique justement ce verbe de Macchabée :

« Un homme, citoyen dévoué, préfère la mort à la honte d'obéir aux méchants. »

Une pièce jouée à Paris « le Tombeau de Desilles » pendant une grande quantité de représentations attire la foule et les frénétiques.

Mais dix-huit mois plus tard, une révolution se fait dans les esprits ; c'est Desilles qui a eu tort, et les assassins qui ont été sublimes. Les quarante soldats suisses, que leurs propres officiers suisses avaient condamnés aux galères, deviennent d'héroïques martyrs du despotisme.

Les héroïques victimes de Nancy, ce ne sont ni Desilles, ni les quarante officiers et les quatre cents soldats tués par les révoltés. Une amnistie est prononcée, le comédien sifflé, Collot-d'Herbois, se déclare leur protecteur. Une pièce de Dorvigny, « le Suisse de Châteauvieux », pour glorifier l'insurrection de Nancy et le meurtre de Desilles, a le même succès qu'avait eu celle qui célébrait sa mémoire. Une fête nationale est décrétée ; les quarante soldats délivrés y paraissent sous la conduite de Collot-d'Herbois; on porte derrière eux, en trophée triomphal, leurs chaînes, leurs vestes et leurs bonnets de galériens.

Vous voyez que nos révolutionnaires d'aujourd'hui ne sont pas non plus les inventeurs des galères comme titre de gloire.

Roucher, le poète des *Mois*, désigné pour faire partie du cortège, répond : « Oui, mais à condition que le buste de Desilles soit sur le char au milieu de ses assassins. »

Eh bien, là il y eut quelque chose de très joli pour les citoyennes.

La ville de Paris était représentée par une citoyenne peu vêtue, allant sur un char au devant de la ville de Brest, également peu vêtue, qui lui ramenait les galériens. Les deux femmes s'embrassaient, et la ville de Brest, les quarante soldats et Collot-d'Herbois montaient sur le char triomphal qui représentait une galère. Autour de cette galère « s'enroulaient comme une couronne de fleurs (je cite textuellement Tallien) les quarante vierges que ledit Tallien avait choisies et garanties ».

La Liberté y figurait aussi, tenant à la main une massue. A la bonne heure, c'était franc !

Au 10 août, Théroigne eut un plaisir que solliciteraient peut-être en vain, du moins jusqu'à nouvel ordre, nos tricoteuses, harangueuses et pétroleuses d'aujourd'hui.

Elle vit dans la foule Suleau qui, dans son journal, *Les Actes des Apôtres*, s'était permis de se moquer vivement d'elle ; elle le prit au collet et le livra à la foule qui le massacra.

Je le demande encore aux hommes qui aujourd'hui sont juchés au pouvoir, que faites-vous pour les citoyennes? elles s'ennuient et ne vous le pardonneront pas.

En est-il un de vous qui imite le député Manuel, qui demanda que Théroigne assistât aux séances, à côté du président?

Quelqu'un de leurs complices a-t-il pensé seulement à leur faire réserver à la Chambre des députés et au Sénat une tribune où elles puissent apporter leur chaufferette et leur tricot, se mêler aux délibérations par leurs murmures et leurs vociférations, et les influencer quelquefois ?

C'est ce que faisaient vos ancêtres et modèles pour les ancêtres et modèles de nos tricoteuses, harangueuses et pétroleuses.

O fils indignes de leurs pères, copistes sans conscience, plagiaires sans tempérament !

Et à ces déjeuners de Satory, qu'inaugure, dit-on, M. le président de l'Assemblée, pense-t-on seulement à inviter Louise Michel, Paule Minke?

Pas même mademoiselle Hubertine Auclerc qui

est jeune et jolie, et dont la présence ne pourrait qu'être agréable aux convives mâles, mais qui, je l'espère, va trouver un de ces jours, quelque brave garçon qui l'épousera, la retirera des « citoyennes » et lui apprendra la vraie destinée, les vrais devoirs, les vrais droits, et le vrai bonheur de la femme.

Non, vous ne faites rien, ô les juchés, ô les satisfaits, ô les repus ! Vous excitez, vous flagornez ces pauvres femmes aux jours de la lutte, de la bataille et du danger, parce qu'elles sont plus braves que vous, et une fois arrivés, en partie grâce à elles, vous les abandonnez à leur éloquence, bientôt solitaire, et à l'ennui, qui seul tue les femmes.

Vous les abandonnez, et, chose plus grave, vous les « négligez », après qu'elles se sont laissé glisser dans la déplorable situation de n'être plus des femmes que pour vous autres.

C'est plus dangereux que vous n'avez l'air de le comprendre.

FIN

TABLE

QUELQUES PAGES DE L'HISTOIRE DES CHAMPIGNONS.   1
MONSIEUR LE PRÉFET DE SEINE-ET-MEUSE. . 23
AUTRES TEMPS. 37
LES MÉDIOCRES. 45
AU JARDIN. 59
A MONSIEUR PAUL DALLOZ. 73
DE QUATRE RÉPUBLIQUES. 77
PETITS PAPIERS. 135
ET MOI AUSSI 149
D'EN HAUT. 159
LES DOMINICALES D'ANTICYRE. 177
MES ALMANACHS. 233
LA JUSTICE SANS FORCE ET LA FORCE SANS JUSTICE. 249
MIEL DE GUÊPES. 275
LE ROMAN COMIQUE. 287
SI 299

VINGT CONTRE QUATRE CENTS.	309
CORRESPONDANCE IMPRÉVUE	323
FEMMES ET HOMMESSES	333
ESSAI DE CONTREPOISON.	347
BUTIN.	359

Imprimerie de DESTENAY, à Saint-Amand (Cher.)

NOUVEAUX OUVRAGES EN VENTE

Format in-8°.

	f. c.
DUC DE BROGLIE	
FRÉDÉRIC II ET LOUIS XV, 2 vol....	15 »
VICTOR HUGO	
TORQUEMADA, 1 vol..............	6 »
J. BARDOUX	
LA COMTESSE PAULINE DE BEAUMONT	7 50
BENJAMIN CONSTANT	
LETTRES A MADAME RÉCAMIER, 1 vol.	7 50
COMTE D'HAUSSONVILLE	
MA JEUNESSE, 1 vol..............	7 50
PAUL JANET	
VICTOR COUSIN ET SON ŒUVRE, 1 vol.	7 50
L. PEREY & G. MAUGRAS	f. c.
LA VIE INTIME DE VOLTAIRE, 1 vol...	7 50
CH. DE RÉMUSAT	
CORRESPONDANCE, 4 vol.........	30 »
ERNEST RENAN	
NOUVELLES ÉTUDES D'HISTOIRE RELIGIEUSE, 1 vol..................	7 50
G. ROTHAN	
L'ALLEMAGNE ET L'ITALIE, 2 vol....	15 »
PAUL DE SAINT-VICTOR	
VICTOR HUGO, 1 vol..............	7 50
JULES SIMON	
THIERS, GUIZOT, RÉMUSAT, 1 vol....	7 50

Format gr. in-18 à 3 fr. 50 c. le volume.

	vol.
BLAZE DE BURY	
ALEXANDRE DUMAS................	1
P. BOURDE	
DE PARIS AU TONKIN..............	1
ÉDOUARD CADOL	
HORTENSE MAILLOT...............	1
Psse CANTACUZÈNE-ALTIÉRI	
FLEUR DE NEIGE..................	1
GABRIEL CHARMES	
STATIONS D'HIVER................	1
ÉDOUARD DELPIT	
SOUFFRANCES D'UNE MÈRE.........	1
E. DESCHANEL	
PASCAL, LAROCHEFOUCAULD, BOSSUET...	1
H. DE LA FERRIÈRE	
TROIS AMOUREUSES AU XVIe SIÈCLE....	1
O. FEUILLET	
LA VEUVE......................	1
ANATOLE FRANCE	
LE LIVRE DE MON AMI.............	1
JEAN GIGOUX	
CAUSERIES SUR LES ARTISTES DE MON TEMPS.........................	1
GYP	
ELLES ET LUI....................	1
LUDOVIC HALÉVY	
CRIQUETTE......................	1
GUSTAVE HALLER	
LE SPHINX AUX PERLES............	1
H. HEINE	vol.
POÉSIES INÉDITES................	1
F. DE JULLIOT	
TERRE DE FRANCE................	1
F. DE JUPILLES	
JACQUES BONHOMME CHEZ JOHN BULL..	1
PIERRE LOTI	
MON FRÈRE YVES.................	1
MARC MONNIER	
APRÈS LE DIVORCE...............	1
MAX O'RELL	
LES CHERS VOISINS...............	1
RICHARD O'MONROY	
A GRANDES GUIDES...............	1
QUATRELLES	
LETTRES A UNE HONNÊTE FEMME.....	1
E. QUINET	
LETTRES D'EXIL, I ET II..........	1
H. RABUSSON	
ROMAN D'UN FATALISTE...........	1
GEORGE SAND	
CORRESPONDANCE, I A VI.........	6
Cel TCHENG-KI-TONG	
LES CHINOIS PEINTS PAR EUX-MÊMES...	1
L. DE TINSEAU	
L'ATTELAGE DE LA MARQUISE.......	1
LA MEILLEURE PART...............	1
***	
L'IMPÉRATRICE WANDA.............	1
MARIO UCHARD	
MADEMOISELLE BLAISOT............	1

Collection de luxe petit in 8°, sur papier vergé à la cuve.

	vol.
OCTAVE FEUILLET	
JULIA DE TRÉCŒUR...............	1
LUDOVIC HALÉVY	
LA FAMILLE CARDINAL.............	1
PIERRE LOTI	
LES TROIS DAMES DE LA KASBAH......	1
PROSPER MÉRIMÉE	vol.
CARMEN........................	1
MELCHIOR DE VOGÜÉ	
HISTOIRES D'HIVER...............	1
L. ULBACH	
INUTILES DU MARIAGE.............	1

www.ingramcontent.com/pod-product-compliance
Lightning Source LLC
Chambersburg PA
CBHW070452170426
43201CB00010B/1314